城市轨道交通行车综合实验

指导书

黄　璐　朱　琳　刘志钢◎主编　潘寒川　唐　莹◎副主编

经济管理出版社
ECONOMY & MANAGEMENT PUBLISHING HOUSE

图书在版编目（CIP）数据

城市轨道交通行车综合实验指导书/黄璐，朱琳，刘志钢主编 . —北京：经济管理出版社，2022.9
ISBN 978-7-5096-8725-3

Ⅰ. ①城… Ⅱ. ①黄… ②朱… ③刘… Ⅲ. ①城市铁路—行车组织—高等学校—教学参考资料 Ⅳ. ①U239.5

中国版本图书馆 CIP 数据核字（2022）第 177374 号

组稿编辑：高　娅
责任编辑：高　娅
责任印制：黄章平
责任校对：王淑卿

出版发行：经济管理出版社
　　　　　（北京市海淀区北蜂窝 8 号中雅大厦 A 座 11 层　100038）
网　　址：www.E-mp.com.cn
电　　话：(010) 51915602
印　　刷：唐山玺诚印务有限公司
经　　销：新华书店
开　　本：720mm×1000mm/16
印　　张：14
字　　数：229 千字
版　　次：2022 年 11 月第 1 版　　2022 年 11 月第 1 次印刷
书　　号：ISBN 978-7-5096-8725-3
定　　价：68.00 元

序

我国城市轨道交通已有近 60 年的发展历史了，这期间经过了起步阶段、调整阶段以及建设高峰阶段，目前很多城市开始进入城市轨道交通的全面建设阶段，一些城市已进入了网络化运营阶段，城市轨道交通已成为城市公共交通的主体，对解决城市交通拥堵问题和城市发展至关重要。

随着我国城市轨道交通的发展，迫切需要培养既具有专业理论知识，又具备实际操作技能的专业技术人员。由于城市轨道交通集多个专业和系统为一体，因设备条件限制，目前在国内的高等院校虽然设立了城市轨道交通相关专业，开设了城市轨道交通的相关课程，但有关城市轨道交通的实践指导书却十分缺乏。

本书涉及城市轨道交通运营管理中的重要操作环节，包括行车、调度、应急处置等关键内容，是从事城市轨道交通专业的工程技术人员必须熟练掌握的。本书以城市轨道交通现场为案例，以仿真系统为操作平台，基于多年的实践操作和使用，有很强的可操作性。

期待本书能在城市轨道交通专业人才培养方面发挥作用。

邵伟中

2022 年 11 月于上海

前　言

城市轨道交通专业是伴随着我国城市及其机动化的快速发展而衍生的专业方向，上海工程技术大学是国内第一个设立城市轨道交通专业的学校。在筹建城市轨道交通学院时，专家就把建设城市轨道交通实验系统和设备作为建设的重点，以培养学生的实际操作和动手能力，以此区别于其他交通运输大类专业本科的教育，作为特色。经过多年的建设，学院自主设计、开发了多个城市轨道交通仿真系统，开设了多个实践、教学环节，学院的城市轨道交通中心实验室成为上海市实验示范中心，建设了上海市级虚拟仿真实验教学项目"轨道交通行车控制全过程一体化虚拟仿真实验"，设置了上海市一流本科课程"基于动态场景的轨道交通行车调度虚拟仿真实验"。

本书整理、深化了过去几年在教学实践方面的经验，基于城市轨道交通行车综合实验（A）、城市轨道交通行车综合实验（B）两门独立实验课，经过三年的教学实践多次修改，目前已经成形。本书共四章，第一章介绍了城市轨道交通行车基础知识（黄璐、潘寒川编写），第二章介绍了基于城市轨道电路的列车自动监控系统仿真实验（黄璐编写），第三章介绍了基于通信的列车自动监控系统仿真实验（唐莹编写），第四章介绍了非正常行车组织与应急处置实验（朱琳编写），全书由黄璐、朱琳进行统稿。

本书是上海工程技术大学城市轨道交通学院编写的城市轨道交通系列教材之一，在编制过程中得到了城市轨道交通学院和经济管理出版社的大力支持，在此表示感谢。

本书由邵伟中院长、刘志钢院长审稿，两位院长提出了大量宝贵的意见和建议，在此表示感谢。

编　者

2022 年 11 月

目　录

第一章　行车基础知识 ………………………………………………… 1

　　第一节　行车组织基础 ……………………………………………… 1

　　第二节　列车自动控制系统 ………………………………………… 5

　　第三节　车站行车作业组织 ………………………………………… 8

　　第四节　行车调度作业组织 ………………………………………… 10

　　第五节　车辆基地作业组织 ………………………………………… 14

　　第六节　正常情况下的行车组织 …………………………………… 17

　　第七节　非正常情况下的行车组织 ………………………………… 19

第二章　城市轨道交通列车自动监控系统仿真实验 ………………… 23

　　第一节　城市轨道交通列车自动监控系统简介 ………………… 23

　　第二节　城市轨道交通列车自动监控系统图标说明 …………… 42

　　第三节　城市轨道交通列车自动监控系统仿真实验要求 ……… 54

　　第四节　实验一：控制模式设置实验 …………………………… 60

　　第五节　实验二：终端模式设置与信号机控制实验 …………… 65

　　第六节　实验三：进路设置控制实验 …………………………… 69

　　第七节　实验四：进路解锁控制实验 …………………………… 73

　　第八节　实验五：道岔控制与操作实验 ………………………… 76

　　第九节　实验六：引导接车操作实验 …………………………… 78

第十节　实验七：站台控制操作实验 ……………………………… 80

第十一节　实验八：列车描述操作实验 ……………………………… 83

第三章　基于通信的列车自动监控系统仿真实验 ……………………… 86

第一节　城市轨道交通列车自动监控系统简介 ……………………… 86

第二节　城市轨道交通列车自动监控系统图标说明 ……………… 90

第三节　城市轨道交通列车自动监控系统仿真实验要求 ……… 98

第四节　实验一：系统模式切换实验 ……………………………… 101

第五节　实验二：时刻表编辑器操作实验 ……………………… 108

第六节　实验三：在线时刻表操作实验 ……………………………… 119

第七节　实验四：系统主备切换设置与操作实验 ……………… 125

第八节　实验五：列车运行调整设置实验 ……………………… 130

第九节　实验六：ATS 回放操作实验 ……………………………… 136

第四章　非正常行车组织与应急处置实验 …………………………… 140

第一节　非正常行车组织与运营调度指挥 ……………………… 140

第二节　城市轨道交通突发事件应急处置 ……………………… 156

第三节　城市轨道交通突发事件案例分析 ……………………… 161

第四节　屏蔽门故障应急处置实验 ……………………………… 163

第五节　列车故障救援应急处置实验 …………………………… 175

第六节　大客流应急处置实验 …………………………………… 196

参考文献 …………………………………………………………… 213

第一章　行车基础知识

城市轨道交通是现代化都市的重要基础设施，它能够安全、迅速、舒适、便利地在城市范围内运送乘客，最大限度地满足市民出行的需要。在城市各种公共交通工具中，具有运量大、速度快、安全可靠、污染低、受其他交通方式干扰小等特点，是改变城市交通拥挤、乘车困难、行车速度下降的行之有效的现代化交通工具。城市轨道交通系统的安全、速度、输送能力和效率与行车组织工作密切相关。行车组织工作已成为城市轨道交通调度指挥和调度运营工作的核心。制定相应的行车组织规则，可以带来较好的经济效益和社会效益。

城市轨道交通行车管理是城市轨道交通生产组织最核心的组成部分，是综合运用各种专业设备、组织协调运输生产活动的技术业务。它采用先进的行车方式和组织方法，密切城市轨道交通内部各专业部门和乘客间的联系，建立正常稳定的客运生产秩序，充分发挥各种运输技术设备的效能，以保证安全、正点、优质、高效地完成乘客运送任务。

第一节　行车组织基础

城市轨道交通一般只办理客运业务，不办理货运业务。城市轨道交通行车管理工作首先确定列车运行计划，包括全日行车计划、列车交路方案、列车编组方案、列车停站方案和车辆配备计划，再编制列车运行图，最后由各部门组织列车运行，包括控制中心的列车运行组织、停车场的列车出入库作业、调车作业、车站的行车组织作业及正线的列车驾驶等。

列车运行组织是城市轨道交通运营管理的中心工作。城市轨道交通通常被称为是一个大的联动机，因为它是行车、车辆、机电、通信、信号、工务等各工种、技术一体化运转的系统，系统中的任一环节出现问题，都可能给整个系统的正常运转带来严重的后果，而整个系统的正常运转则集中体现在列车的运行组织工作中，它是保证将乘客由出发站安全、准时、快捷地运送至目的地站的关键。

城市轨道交通行车组织阶段性比较强，主要分为运营前准备、运营中的行车组织和运营结束后的作业三个阶段。不同的工作人员在不同的阶段有不同的作业，这里着重介绍行车调度员、车站和驾驶员的作业。

（1）行车调度员。行车调度员在运营前主要进行试验道岔、检查人员到岗情况和设备情况、装入运营时刻表等工作。运营期间主要是利用各种调度设备，组织指挥列车按照列车运行图的计划安全、准点地运行。运营结束后行车调度要对当天的行车工作进行分析、总结，打印当日计划、实际运行图，编写运营情况报告，进行客车统计分析等工作。

（2）车站。正常情况下，城市轨道交通车站的行车组织作业主要包括首末车组织、运营期间的接发车作业等工作。开行首班车前，车站各岗位工作人员要准时开门、开启照明和电扶梯，并要进行试验道岔、巡视车站等工作。车站末班车发出前应在规定时间开始广播，通知车站/票务中心停止售检票工作，检查付费区乘客均已上车，确认无异常情况后向驾驶员发出发车信号。

（3）驾驶员。驾驶员在一个运营周期的作业也分为运营前、运营期间和运营后三个阶段。运营前驾驶员主要进行列车整备作业（如检查车体内外情况、车载电器、制动设备和无线电话等）。在运营期间主要是负责列车在正线运行作业、站台作业和折返作业。运营结束后，客车应进入车辆段进行整备以确保第二天的正常运行。

城市轨道交通多采用较为先进的设备，自动化程度比较高，正常情况下行车组织作业主要是利用先进设备监控列车运行。特殊情况下的行车组织是相对于正常情况下的行车组织而言的，主要是指出于设备故障、大客流、火灾等原因不能采用正常情况下的行车组织时组织轨道交通行车的方法。城市轨道交通某条线路一旦发生事故，将会造成全线列车运行的延误，也会对乘客的出行造成重大的影响。因此，城市轨道交通系统非常重视特殊情况下的事故演练。下面以国内某些轨道交通系统为例，主要介绍几种特殊情况下的行车组织基本方法。

（1）列车晚点。出于客车故障或行车组织等原因造成列车大幅度晚点时，应牢固树立"以乘客为本"的思想，积极恢复正点运行。晚点时行车组织的重点是通过调整列车在区间的运行时间、运行速度和停站时间等，逐步恢复列车的正常运行秩序。行车调度员此时应该及时掌握列车晚点的原因、程度、发生地点等各种情况，及时调整前行和后续列车的站间运行时分和停站时间，并通知其他调度和车站做出相应的应对措施，及时解决列车晚点所带来的不利影响。

（2）区间发现不明身份人员。在列车运行中，调度员若得到区间内不明身份人员的报告时，应及时通知后续列车驾驶员在区间内慢行查找，将不明身份者带出区间并交车站处理。若连续三辆列车在区间查找后，均未发现情况，可暂停查找。

（3）客车故障。客车在运行的过程中出现故障时，应根据不同的情况进行不同的处理。若故障客车能进行牵引运行，客车应首先清客，空车驶回车辆段，动用备用车替换故障列车。若故障客车不能运行时，运行控制中心（Operating Control Center，OCC）负责此状况下的行车组织，故障的判断和处理由驾驶员全面负责，行车调度有责任提出辅助处理意见。若在规定时间内故障不能解决，可向OCC请求救援。行车调度可根据实际情况，安排救援车辆。

（4）轨道电路故障。轨道电路故障主要分为区间轨道电路故障和车站道岔区段轨道电路故障。发生区间轨道电路故障时，驾驶员可根据调度指示转换为人工驾驶模式行驶，当出清故障区段后，列车由驾驶员驾驶改为列车自动运行系统（Automatic Train Operation，ATO）驾驶模式。发生车站道岔区段轨道电路故障时，调度可授权车站进行站级控制，车站工作人员将道岔转换到规定位置并锁闭。当列车出清故障轨道电路时，列车恢复ATO驾驶模式。

（5）列车冒进出站信号机。出站信号机显示禁止灯光，但列车仍然进入信号机内方。导致这种现象的原因有很多。当列车没有ATP防护，由人工驾驶时，由于驾驶员操作不当或者下坡道机车性能所致未停稳，会导致列车冒进出站信号机。当列车有ATP防护，并且采用双红灯防护模式，由人工驾驶时，由于驾驶员操作不当，导致列车冒进出站信号机后，车载 ATP 会施加紧急制动，保证列车停在下一架红灯信号机外方。行车调度员应根据不同情况进行处理。

（6）区间疏导乘客列车。出于某些原因在区间内长时间停车，需要在区间内疏导乘客时，应首先封锁该区间，并阻止后续列车进入该区段，然后通知电力调度对该区段断电，并通知环控调度加强该区段通风。行车调度得到停电通报后，向有关人员和车站发布区间疏导乘客的命令，疏导命令中应指出疏导方向，原则上是向就近车站方向疏导，必要时可向两端车站疏导，车站工作人员应及时安置被疏导乘客。

（7）大范围停电。若城市轨道交通线路遭遇大范围停电，全线列车要停止运行，并尽量将列车扣在车站内，调度发布命令，让全线停止售票，并封锁相关车站。行车调度员应尽快查明各次列车所处的线路位置，如果需要区间疏散乘客时，应按规定及时疏散。电力调度应尽快查明断电原因与影响，汇报总调度，并尽快恢复电力供应。

（8）发生人员伤亡。列车运行的过程中，若出现人员伤亡，应及时封锁事故区段，阻止后续列车进入该区段，并及时确认事故列车与伤亡人员的具体位置；若伤亡事故发生在车站，由车站值班站长负责组织，保护现场，待公安部门认定责任后将伤亡人员抬出运行线，尽快恢复列车运行；若伤亡事故发生在区间内，应由列车驾驶员保护现场，等待相关人员进行处理。在处理的过程中，如需要断电时，应及时要求电力调度给相关线路断电。

（9）发生火灾。城市轨道交通在运营过程中一旦发生火灾，往往会造成比较大的损失，因此，需要制定专门针对火灾情况下的行车组织方案。按照火灾发生的地点可以分为车站站台火灾、车站站厅火灾、隧道火灾、车辆段火灾、非运行区域火灾、列车因火灾停在隧道内、列车因火灾停在站台内等情况。不同的情况下应有不同的应急预案。一般来说，若发生火灾后，应先确定火源、火情和伤亡情况，必要时由现场负责人或目击者报告 119、120、当地公安分局和调度人员。然后由调度按照具体应急预案组织行车，并安排现场人员进行人员疏散、灭火等工作，并尽快恢复运营，以减少损失。

（10）发生地震、毒气事件。发生地震、毒气袭击等状况时，行车调度员应发布命令，封闭全线车站，将乘客向站外疏散，并通知电力调度断电，环控调度要加强事故现场及客流大的车站的通风。对于被迫停在区间内的列车，应进行区间疏散乘客。

第二节　列车自动控制系统

列车自动控制系统（Automatic Train Control，ATC）主要有三大组成部分，分别是列车自动监控系统（Automatic Train Supervision，ATS）、列车自动防护系统（Automatic Train Protection，ATP）以及列车自动运行系统（Automatic Train Operation，ATO）。由于计算机技术、信号传输技术、电子技术的不断发展，通信技术的科技含量不断提高，为列车自动控制系统的升级提供了可持续发展空间。现在，我国对新型的基于通信的列车控制系统（Communications Based Train Control，CBTC）非常重视，CBTC 系统既适用于在建线路，也可以用来改造旧的城市轨道交通线路。CBTC 系统采用的信息传输技术具有明显的优势，在我国已经得到推广和使用。

ATS 系统通过实时监督和控制道岔、信号、进路等联锁环节以及列车运行的动态信息，为控制中心行车调度员提供调度指挥的依据，同时通过与其他系统的接口将信息传递出去。ATS 系统具有与其他信号系统的接口和通信系统的接口，是实现列车运行自动控制的关键部分。ATS 系统主要完成对列车的进路排列、跟踪锁定功能。在 ATS 系统控制中心的显示界面编辑列车时刻表，监控线路运行状态，调节列车追踪距离并记录。在基于通信的列车自动控制系统中，控制中心 ATS 实现系统的主要功能，车站 ATS 在降级模式下可以对线路设备进行临时控制。ATS 系统由控制中心设备进行集中管理，由车站 ATS 实现分散控制。

列车自动控制系统是城市轨道交通信号系统最重要的组成部分，它实现行车指挥和列车运行自动化，能最大限度地保证列车运行安全，提高运输效率，减轻运营人员的劳动强度，发挥城市轨道交通的通过能力。ATC 系统的技术含量高，运用了许多当代重要的科技成果。目前用于我国城市轨道交通的 ATC 系统大多是从国外引进，有西屋公司、US&S 公司、西门子公司、阿尔斯通公司、阿尔卡特公司、庞巴迪公司等。

1. ATC 系统的组成和功能

ATC 系统包括三个子系统：列车自动监控系统（ATS）、列车自动保护系统（ATP）、列车自动运行系统（ATO），简称"3A"系统。ATC 是在保证行车安全、提高运营效率的情况下，实现列车的自动控制。

ATC 系统包括五个原理功能：ATS 功能、联锁功能、列车检测功能、ATC 功能和 PTI（列车识别）功能。ATS 功能可自动或由人工控制进路，进行行车调度指挥，并向行车调度员和外部系统提供信息。ATS 功能主要由位于 OCC（控制中心）内的设备实现。

通过联锁功能响应来自 ATS 功能的命令，在随时满足安全准则的前提下，管理进路、道岔和信号的控制，将进路、轨道电路、道岔和信号的状态信息提供给 ATS 和 ATC 功能。联锁功能由分布在轨旁的设备来实现。ATC 功能在联锁功能的约束下，根据 ATS 的要求实现列车运行的控制。ATC 功能有三个子功能：ATP/ATO 轨旁功能、ATP/ATO 传输功能和 ATP/ATO 车载功能。ATP/ATO 轨旁功能负责列车间隔和报文生成；ATP/ATO 传输功能负责发送感应信号，它包括报文和 ATC 车载设备所需的其他数据；ATP/ATO 车载功能负责列车的安全运营、列车自动驾驶，且给信号系统和司机提供接口。PTI 功能通过多种渠道传输和接收各种数据，在特定的位置传给 ATS，向 ATS 报告列车的识别信息、目的号码和乘务组号以及列车位置数据，以优化列车运行。

2. ATC 系统的水平等级

为确保行车安全和线路最大通过能力，根据国内外的运营经验，一般最大通过能力小于 30 对/小时的线路宜采用 ATS 和 ATP 系统，实现行车指挥自动化及列车的超速防护。在最大通过能力较低的线路，行车指挥可采用以调度员人工控制为主的 CTC 系统；最大通过能力大于 30 对/小时的线路，应采用完整的 ATC 系统，实现行车指挥和列车运行自动化。

ATO 系统对节能、规范运行秩序、实现运行调整、提高运行效率等具有重要的作用，但不同的信号系统设或不设 ATO 会使运营费用差异较大，不过即使是通过能力为 30 对/小时的线路，有条件时也可选用 ATO 系统。

根据运营需要，信号系统还应满足最大通过能力为 40 对/小时的总体要求。对于城市轨道交通，行车间隔的发挥往往受制于折返能力，而折返能力与线路条件、车辆状态、信号系统水平等因素有关。因此，通过能力要求较高时，折返能力需与之相适应，必须对上述因素进行综合研究、设计。

3. ATC 系统的选用原则

ATC 系统按下列原则选择：

（1）ATC 系统应采用安全、可靠、成熟、先进的技术装备，具有较高的性价比。

（2）城市轨道交通运营线路宜采用准移动闭塞式 ATC 系统或移动闭塞式 ATC 系统，也可以采用固定闭塞式 ATC 系统。

（3）ATC 系统构成水平的选择按前述原则执行。

4. ATC 系统的分类

由于地面设备构成不同、地面与车载信息传输方式不同，构成的 ATC 系统也不尽相同，其功能与使用效果也有差别。我国目前还不具备提供完整的列车控制系统，应用在城市轨道交通系统中的 ATC 核心技术都采用国外的先进技术，综合国内外 ATC 系统的产品，系统可按车地信息传输方式、对列车的控制方式和闭塞方式不同进行分类。

5. 基于通信的列车控制系统（CBTC）

基于通信的列车控制系统是独立于轨道电路，采用高精度的列车定位和连续、高速、双向的数据通信，通过车载和地面安全设备实现对列车的控制，是一种采用先进的通信和计算机技术，连续控制、监测列车运行的移动闭塞方式的列车控制系统。

移动自动闭塞一般由列车自动防护系统车载设备通过精确测定列车前部位置，实时传送到地面控制中心，再由地面控制中心根据车长确定列车尾部的精确位置，在此基础上附加一定的安全距离确定出后车追踪运行的目标点，以此目标点计算出后行列车的运行控制命令，通过通信系统实时发送给后行列车，由车载设备实时控制列车，以确保列车运行安全。因此，列车的精确定位和高可靠大容量双向的实时通信是实现移动自动闭塞的关键技术。

基于通信的列车控制系统摆脱了用轨道电路判别列车对区段占用与否，突破了固定（或准移动）闭塞的局限性，较以往系统具有更大的优越性，具体体现如下：

（1）实现列车与轨旁设备实时双向通信且信息量大。

（2）可减少轨旁设备，便于安装维修。有利于紧急状态下利用线路作为人员疏散的通道，有利于降低系统全寿命周期内的运营成本。

（3）确立"信号通过通信"的新理念。使列车与地面（轨旁）紧密结合、整体处理，改变以往车—地相互隔离、以车为主的状态。这意味着车—地通信采用统一标准协议后，就有可能实现不同线路间不同类型列车的联通联运。所谓联通联运是对于信号系统而言，主要是指某系统的地面设备可以与另一系统的地面设备互联、系统的车载设备可以与另一系统的地面设备协同工作、同一列车首尾的不同厂家的车载设备可以在同一线路上实施列车运行控制。

第三节　车站行车作业组织

在轨道交通系统行车组织中，车站起着极为重要的作用。车站是线路上供列车到发、通过的分界点，某些车站还具有折返、停运检修和临时待避等功能；车站是客流集散的场所，是乘客出行乘坐列车的始发、终到及换乘地点，也是运营企业与服务对象的主要联系环节；车站还是轨道交通各工种协作的生产基地。

车站的运输生产活动主要由行车作业和客运作业两部分组成。车站行车作业包括接发列车作业、列车折返作业等；车站客运作业包括售检票、组织乘客乘降和换乘作业等。车站的分类可从不同的角度进行，就车站作业而言，主要是按运营功能和是否具有站控功能分类。

按运营功能的不同分类：

（1）终点站。终点站是指线路两端或列车交路两端的车站，除供乘客上下车外，通常还具有列车折返、停留或临时检修等运营功能。

（2）中间站。中间站一般只供乘客上下车，是线网中数量最多的车站。有的中间站设有配线，可供列车越行；也有的中间站设有折返设备，可供列车折返。

（3）折返站。折返站是终点站与中间站中设有折返线、渡线等折返设备，可供长、短交路列车进行折返作业的车站。

（4）换乘站。换乘站设在不同线路的交会地点，除供乘客上下车外，还供乘客由一条线路的列车换乘到另一条线路的列车上去。

按是否具有站控功能分类：

（1）集中站。集中站是指具有站控功能的车站，集中站车站值班员根据调度命令，可监控集中站管辖线路上的列车运行、办理电话闭塞行车和执行扣车、催发车等列车运行调整措施。集中站通常为有道岔车站。

（2）非集中站。非集中站是指不具有车站控制功能的车站。非集中站通常为无道岔车站。

目前城市轨道交通多采用 ATC 信号系统，在车站相应地必须具有 ATC 系统中的 ATS 分机等设备。

一、车站控制台

设备集中站的行车设备有车站控制台、进出站信号机、防护信号机、道岔转辙设备、轨道电路无线通信器等，其中车站控制台是组织指挥行车的一种专用设备。设备集中站综控员通过车站控制台上的各种按钮可以办理进路、闭塞、操纵道岔、开闭信号，通过各表示灯的显示可以监视设备及列车运行的情况；非设备集中站只能进行监视，不能控制。非设备集中站的行车设备有综合控制盘（IBP盘，Integrated Backup Panel，也叫后备盘）、发车计时器、站台紧急关闭按钮、电源设备、ATO 地面设备、ATS 分机。

二、系统控制等级

ATC 系统分为四个控制等级，即控制中心自动控制、控制中心人工介入控制、车站自动控制、车站人工介入控制。有些线路 ATC 系统分为五个控制等级，即控制中心自动控制、控制中心人工介入控制、车站自动控制、车站人工介入控制、车站紧急控制。

三、系统控制模式等级的使用条件

（1）在 ATO 车载设备失效时，列车可转换为在 ATP 防护下的人工驾驶模式。

（2）当地面某一个 ATP 应答器失效时，列车将继续正常运行，同时记录失效。

（3）当车载 ATP 系统无法识别列车位置时，列车将从"目标—距离"模式转换成"速度编码"模式。列车接收到连续的两个无线接入点（APR）应答器信息，列车能够重新定位，并转换为"目标—距离"的模式进行行驶。

（4）当地面 ATP 设备发生故障时，列车按受限制人工驾驶模式行驶。

（5）在车载 ATP 设备发生故障时，准移动闭塞降级为站间自动闭塞，列车仅能按非受限制人工驾驶模式行驶。

（6）当控制中心发生不可预测情况时，可以启动备用控制中心，正常的行车调度自动功能可以使用。

第四节　行车调度作业组织

城市轨道交通调度指挥系统负责管理城市轨道交通日常的生产运输任务，同时也是对运输生产活动全过程进行实时监控调整的指挥中心，凡是与运输生产有关的各部门、各专业均要在调度指挥系统的统一协调指挥下进行日常的生产活动。城市轨道交通调度指挥系统在协调各部门工作、确保列车运行安全、提高列车运行质量、保持运输生产整体连续性等方面起着核心作用。城市轨道交通调度指挥系统以计算机技术、现代通信和信息技术为基础，以列车运行管理与控制为核心，涉及电力、消防环控、车辆、通信等方面的综合管理与控制。其首要目标是实现运输生产安全、高效、正点和稳定有序。

在日常运输工作中，为统一指挥、有序组织运输生产活动，城市轨道交通调度指挥系统设立控制中心（OCC），调度指挥控制中心是对城市轨道交通实行集中管理的所在地，能实现对列车运行、车站设备、电力供应、防火报警、票务管理等方面的统一调度与监控，同时作为全线信息交换的枢纽，控制中心也是处理突发事件的指挥中心。为对复杂的运输生产活动进行全面的指挥和监督，控制中心实行分工管理原则，将整个运输生产活动按业务性质划分成若干部分，设置不同的调度工种分别管理一定的工作。例如，在控制中心，通常设有行车调度、电力调度和环控调度等调度工种。

城市轨道交通行车调度系统以计算机技术、现代通信和信息技术为基础，随着技术的不断进步，城市轨道交通行车调度系统设备呈现出以下特征：

（1）自动化水平高。一般情况下城市轨道交通行车调度系统能实现系统的自动运行，行车调度员只需进行监视即可，只有当系统运行状态偏离了其自动调整的范围才需进行相应的操作。

（2）高度复杂。城市轨道交通行车调度系统大量使用计算机，这使系统内人与机、各子系统之间相互作用、高度复杂、结合紧密。

（3）防御装置多。城市轨道交通行车调度系统为了减少技术失效和人因失误对系统安全造成的威胁，通过冗余设计，采用了多重、多样的安全防御装置。这些装置大大提高了系统的安全性。

（4）透明程度低。城市轨道交通行车调度系统的高度自动化、复杂性与结合性以及大量的防御装置使系统的内部行为变得模糊，降低了系统设备的透明程度。

行车调度员的工作任务可归纳为以下四种任务类型：监视型任务、操作型任务、通信型任务和记录型任务。监视型任务是指行车调度员通过监视 ATS 工作站、信号大屏、视频监控系统（Closed Circuit Television，CCTV）显示屏等终端显示设备了解线路上列车运行状况、设备运转状况以及各站乘客信息、列车到发情况等。操作型任务是指行车调度员通过键盘、鼠标等人机交互设备在 ATS 工作站、无线调度台等人机交互界面上的一系列操作行为，如人工排列进路、开放信号、转换道岔等，其本质是人为达到一定目的而对机器施加的一定作用。通信型任务是指行车调度员通过无线调度台、有线调度台、公务电话等通信设备实现与司机、车站行车值班员、信号楼值班员等的信息交流。记录型任务是指行车调度员对发布的调度命令、突发事件及处理过程等的记录，以生成工作日志和运营报表。

监视型任务是行车调度的基础，正常情况下行车调度员以监视列车运行、设备运转为主，当通过监视发现异常信息时，相应的通信、操作型任务因此增加。行车调度员任务的实质是通过各种设备获取能表征系统当前运行状态的信息，据此信息对系统下一步的运行状态做出预判，从而决定应该采取的行动，并将该行动的实施方案传达给与此相关的人或设备。因此，对于行车调度员而言，需要对通过监视和通信获得的信息进行加工，并根据知识、经验和调度规则判断各类状况的发展趋势以制定合理、有效的运营调度策略。

行为科学指出，人的行为是人的内在因素和外部环境共同影响的结果。在城市轨道交通行车调度系统中，行车调度员在经过长期训练和现场体验所获得的知识、技能和规则的基础上，通过调度指挥控制中心设备提供的信息掌握系统的运行状态，及时做出判断，并进行相应的控制操作或发布调度命令。因此，行车调度员执行任务的过程为：通过调度监督设备、通信设备接收系统的运行状态信息，通过认知确认后做出决策，并进行相应的控制操作。其特点表现为"监视—确认—决策—控制"。

城市轨道交通行车调度工作由调度控制中心实施，实行高度集中统一指挥，以使各个环节紧密配合，协调工作，保证列车安全、正点地运行。行车调度工作是城市轨道交通系统的核心，它的好坏直接影响乘客运输任务的完成情况。

一、行车调度工作的基本任务

（1）组织指挥各部门、各工种严格按照列车运行图工作。

（2）监控列车到达、出发及途中运行情况，确保列车运行正常秩序。

（3）当列车运行秩序不正常时，及时采取措施，尽快恢复正常运行秩序。

（4）及时、准确地处理行车异常情况，防止行车事故的发生。

（5）随时掌握客流情况，及时调整列车运行方案。

（6）检查监督各行车部门执行运行图情况，发布调度命令。

（7）当发生行车事故时，按规定程序及时向上级主管部门汇报，并采取措施防止事故扩大，积极参与组织救援工作。

二、调度机构及其组成

城市轨道交通系统是一个复杂的、技术密集型的城市公共交通系统，为统一指挥，有序组织运输生产活动，轨道交通系统设立调度控制中心。调度控制中心实行分工管理原则，按业务性质划分为若干部分，设置不同的调度工种。例如，在控制中心通常设有行车调度、电力调度和环控调度等调度工种。

三、行车调度工作的主要设备及功能

随着科学技术的发展，城市轨道交通系统运行控制设备正逐步向自动化、远程化、计算机化的方向发展，行车调度工作也从人工电话调度指挥方式向电子调

度集中和计算机调度集中控制设备发展。

（1）人工调度指挥系统（电话闭塞法）。

1）控制调度中心设备：调度电话、无线调度电话、传输线路。

2）车站设备：调度电话分机、传输线路。

3）列车上设备：无线调度电话。

该系统主要由行车调度员通过电话向车站值班员直接发布指令，由车站值班员安排列车进路。通过值班员报点，调度员掌握列车到达、出发信息，下达列车运行调整调度命令，并通过无线调度电话呼叫列车司机，发布调度指令。在该阶段，由调度员人工绘制列车运行图。

（2）电子调度集中系统（自动闭塞法）。

1）调度控制中心设备：调度集中总机、运行显示屏、运行图绘图仪、传输线路等。

2）车站设备：调度集中分机、传输线路等。

3）列车上设备：无线调度电话。

电子调度集中设备实现了运行调度指挥的遥信和遥控两大远程控制功能（尚缺遥测这一基础功能），它的特点是区间采用自动闭塞、车站采用电气集中联锁，并用电缆引接到控制中心。控制中心行车调度员可以直接排列进路，直接指挥列车的运行调整，并通过列车显示屏监控列车运行情况。在必要时，可将列车运行进路排列权限下放给车站，由车站值班员操作。

在电子调度集中情况下，列车进入区间的行车凭证为出站信号机的绿灯显示。例如，出站信号故障，凭行车调度的命令发车，追踪运行列车间的安全间隔由自动闭塞设备实现。

（3）计算机控制的自动调度设备（ATC 系统与 CATS 系统）。

中央列车自动监控系统（Central Automatic Train Supervision，CATS）是 ATC 系统中央控制中的调度指挥系统，它是一个实时控制系统，由调度控制和数据传输电子计算机、工作站、显示盘和绘图仪等构成，电子计算机按双机热备用配置。

四、行车调度的调度命令

在组织指挥列车运行过程中，行车调度员按规定在进行某些行车作业时需发布调度命令，表示行车调度员在指挥列车运行过程中发布的对行车作业具有严肃性和强制性的指令。行车调度员在发布调度命令前，应详细了解现场情况，并听取有关人员的意见，调度命令发布后，有关行车人员必须严格执行。行车调度命令分为口头命令、书面命令、口头通知三种。

五、行车调度工作考核指标

（1）列车运行图兑现率。

列车运行图兑现率＝实际开行列车数/计划开行列车数×100%

（2）列车运行正点率。

列车运行正点率＝正点运行列车数/全部开行列车数×100%

第五节 车辆基地作业组织

车辆段及综合基地包括车辆段、综合维修中心、材料总库、教育培训中心和必要的生活设施，是保证轨道交通系统中各项设备处于良好状态、确保行车安全的场所。其服务对象包括移动设备（车辆）、机电设备（如车站的自动扶梯、屏蔽门、乘客导向设施、环控设备、给排水设备等）、供电设备（如变电站、变电所、接触网、电力电缆等）、通信信号设备、轨道、桥梁、隧道、房屋建筑等各类维护设施和部门。

一、列车作业过程

车场行车作业组织。车场内的常见设备包括线路、信号进路和控制设备、运转日常管理以及各类机电设备、检修设备、列车存放和其他辅助设备。车场可为正线运行列车提供各类后勤保障、服务，确保正常的运营秩序；车场是运行勤务人员的重要工作场所，为运营相关人员提供后勤保障、服务。在车场还可完成除电动列车以外的各类运营相关设备保障工作。

车场行车作业是整个城市轨道交通系统行车组织的重要组成部分之一，它在上级运营指挥部门的统一指挥下，按运行图制定的行车计划完成日常的车辆运行工作，其日常工作范围包括：

（1）负责所辖各运行线路内的电动列车运行、检修、整备任务，确保上线运营和列车状态良好。

（2）确保上线运营列车准点出场、同库，能顺利进行运行列车的调整。

（3）配合维修人员完成列车的保养、维修、调试等工作。

（4）安排场内调车作业以及正线开行施工列车。

（5）协调场内各专业技术工种在规定范围和规定界面内施工作业。

（6）协助正线事故救援工作。

（7）编排列车运行计划，按运行图要求配置列车及乘务人员。

（8）对车辆乘务人员及站场行车人员的行政管理、技术管理等。

二、列车运转流程

列车运转流程指的是每日列车运行过程，包括四个环节，即列车出场、列车正线运营、列车入场和列车场内检修及整备作业。这些作业由列车运行部门各个岗位协同配合共同来完成。列车出车作业包括编制发车计划、乘务员出乘、列车出库与出段三部分。

（1）编制发车计划。发车计划由运转值班员根据列车运行图、运营检修用车安排、车场线路存车情况等编制，内容包括列车车次、待发股道、运行车编号等。编制发车计划时，应注意避免交叉发车和保证列车出库顺序无误。发车计划编制完毕后，除应将计划下达给信号楼值班员外，运转值班员还应将计划中列车车次、车号、有无备车、备车车号上报给行车调度员。

（2）乘务员出乘。乘务员应在充分休息的情况下出勤，按规定时间、地点办理出勤手续，领取相应的物品。在办理出勤手续时，乘务员应查看行车告示牌上的行车命令、指示及安全注意事项，了解列车出库股道，并认真回答运转值班员的提问，听取运转值班员传达的有关事项。

办妥出勤手续后，乘务员应对安排值乘的列车按突出重点、兼顾一般的原则进行出车前检查，检查合格后方能发车。检查时发现车辆故障不能担负列车任务时，应及时上报运转值班员并按其指示执行。运转值班员应立即通知检修部门检修故障列车，及时调整乘务员值乘列车的出车次序，并向信号楼值班员传达变更出车计划。备用乘务员应与值乘乘务员同时出勤，完成备用列车检车程序后，备用乘务员应在车上待命。在发车工作结束后，方可回到乘务员休息室待命。

（3）列车出库与出段。列车起动前应确认信号开放与库门开启正常，并注意平交道是否有人员、车辆穿越。在规定的出库时间已到而出库信号仍未开放时，乘务员应主动询问信号楼值班员，联系不上时可通过运转值班员询问。

正常情况下，列车经由出段线出段。列车出段凭防护信号机的显示，在出段线的有码区按人工 ATP 方式运行，在出段线的无码区按限速人工驾驶方式运行。在设备故障（咽喉道岔、道岔区轨道电路、牵引供电）或检修施工（车厂路线、信联闭设备、接触网）时，列车可以由入段线出段，但应得到行车调度员准许。信号楼值班员在办理列车发车作业时，应确认区间空闲（出、入段线视为区间），停止影响发车进路的调车作业。

三、列车正线运行

从车辆运行角度，列车正线运行主要涉及列车运行交路、列车驾驶员作业和乘务员正线交接班等。

（1）列车运行交路。列车正线运行的循环交路以及列车在两端折返站的到、发时刻和出入段时间、顺序由车辆周转图规定。

（2）列车驾驶员作业。驾驶员在值乘中应注意力集中、严禁违章行车。在发现异常情况时，要及时采取措施排除故障和险情，确保行车安全和乘客安全。

（3）乘务员正线交接班。乘务员在正线交接班时，接班乘务员应按要求出勤，交班乘务员应将列车技术状态、有关行车命令与注意事项交代清楚，并填写在驾驶员报单上。例如，接班乘务员未能按时到达，交班乘务员应坚守岗位，及时报告行车调度员。

四、列车收车作业

列车收车作业包括列车入段与入库、库内作业两个部分。

（1）列车入段与入库。正常情况下，列车由入库线回段。列车入段凭证为防护信号机的显示，在入库线的有码区按人工 ATP 方式运行，在入库线的无码区按限速人工驾驶方式运行。在设备故障或施工作业时，列车可以从出库线入段，但应取得行车调度员的准许。信号楼值班员在办理接车作业时，应确认接车线路空闲，并停止影响接车进路的调车作业。

（2）库内作业。列车进入车库停稳后，乘务员应对列车进行检查，在确认列车无异常后携带列车钥匙、驾驶员报单及其他相关物品办理退勤手续，然后向乘务组长汇报当日工作情况，听取次日工作安排与注意事项。

在发现列车技术状态不良时，乘务员应向运转值班员报告并做好记录。在发生列车晚点、掉线、清客、行车事故与救援时，运转值班员需组织当事人及有关人员填写情况报告，并立即报有关部门处理。

五、列车整备作业

列车整备作业分为列车的清洗、列车的检修和车辆的验收三个部分。

（1）列车的清洗。列车清洗包括内部清扫、清洁和车身清洗，列车清洗工作根据清洗计划进行。清洗时的动车按调车作业办理。

（2）列车的检修。列车回库停稳后，运转值班员应及时与检修部门办理车辆交接，检修部门按计划进行检修作业。

（3）车辆的验收。检修完毕的车辆应及时与运转值班室办理移交手续，运转值班室需派专人对车辆技术状态进行检查，验收确认车辆符合正线运行的要求。

第六节 正常情况下的行车组织

网络化轨道交通作为一个整体系统，影响其运营效果的因素多种多样，为保证轨道交通具有安全、快捷、准时的特点，应对其在突发事件条件下的行车策略进行探讨，以保证系统正常运行。突发事件是指轨道交通日常行车组织在遇到客流突变或是系统内部组成部分发生故障、意外时，不能满足乘客需求的情况。在这些突发事件情况下，如何保证列车安全行车，客流及时疏导，控制突发事件影响范围，最大限度减少损失是轨道交通行车组织需要做的准备工作。

突发事件的可预测性是指在轨道交通系统正常工作的状态下，客流本身出行需求在较短的时间内发生较大变化，并且这种客流量的变化可以通过已研究的客流预测模型，利用历史客流数据预测得到，在事件突发前显示较为准确的预警。因为突发事件前可以得到预测的突变客流量，故可以根据预测的客流量在突发事件影响范围内调整列车运行方案，使之最大限度满足客流需求，主要办法有：加大发车频率、采用大编组小交路策略、减少停站数量等。如事件发生在客流集聚的换乘车站，为保证乘客安全、舒适乘坐需要，避免换乘站乘客拥挤而产生安全隐患，应在列车线路能力许可的范围内，加大换乘站上各线路的发车频率，以使车站客流快速疏散；当客流突增情况发生在路网中较长射线上时，应采用加开行大编组小交路的列车开行策略，满足区间段上客流需求；在连接机场、火车站等大型客流集散地的线路上，在某段时间因特殊事件发生大量客流的情况下，为满足这种客流准时、快速的要求，用减少停车站点办法以缩短线路的运行时间满足乘客需求。

城市轨道交通由于行车密度高、间隔小、对安全运营要求高的特点，根据信号设备所能提供的运行条件，一般分为调度集中控制、调度监督下的自动运行控制和半自动运行控制三种方式，按照运行图规定的行车计划开行列车，进行列车运行组织。

控制的行车组织方式，在调度所行车调度员的统一指挥下，利用行车设备对列车的到、发、折返等作业进行人工控制及调整。调度集中控制下的行车组织的指挥者为行车调度员，车站不参与行车组织的工作。

自动运行控制是当今世界城市轨道交通列车运行组织的发展趋势及主流行车控制方式，许多早期建成轨道交通的城市，由于当时的各方面技术条件的限制，采用半自动和人工方式进行行车组织，近年来已经逐步采用自动运行控制替代。自动运行控制利用计算机技术对列车运行实行自动指挥和自动运行监护，并有列车运行保护系统提高行车安全系数。

自动运行控制是在中央调度所统一指挥和监督下，由车站行车值班员操作车站电气集中或临时信号设备控制列车运行。一些早期建成的城市轨道交通至今仍采用这种列车运行组织方式，在一些新线上，由于信号系统尚未安装调试完毕，在过渡期运营时也会采取这种方式进行行车组织。

城市轨道交通行车组织就是采取各种技术手段保证列车运行系统、客运服务系统、检修保障系统的专业设施、设备的正常、合理的运转，从而实现安全、舒适、快速、准时、便利地送送旅客，以满足乘客出行的需要。城市轨道交通行车组织不同于干线铁路，基本上只从事列车运行组织和接发车两项作业，主要由控制中心和车站两级部门完成。正常情况下的列车运行控制，根据信号设备所能提供的运行条件，一般分为调度集中控制（统一人工控制）、调度监督下的自动运行控制（计算机控制）和半自动控制（前两者结合）三种形式。

　　（1）行车指挥体系城市轨道交通是一个复杂、技术密集型的城市公共交通系统，具有各项作业环节紧密联系和各部门、各工种协同工作的特点。因此，城市轨道交通行车组织必须贯彻安全生产的方针，坚持高度集中、统一指挥、逐级负责的原则。在一个调度区段应由该区段的行车调度员统一指挥，相关行车人员必须执行调度命令，服从指挥。

　　（2）列车运行组织正常情况下，城市轨道交通列车的一个运行周期为：根据列车运行图，列车按照规定时间从车辆段存车线出来进入正线并投入运营，一直到运营结束退出服务回到车辆段进行整备，整备完毕后再次从车辆段出来进入正线投入运营服务为止。可以说，在正常情况下列车的一个运行周期是 24 小时。在这一过程当中，需要由行车调度指挥、车辆段调度员、车辆段值班员、车站行车值班员、站台站务员和驾驶员等人员共同完成。

第七节　非正常情况下的行车组织

　　非可预测突发事件主要是指线路设备在未知情况下发生意外，导致列车运行延误、客流聚集的情况。列车延误所引起的列车晚点将致使乘客在车站积聚，车站客流发生积压，乘客可能因此更改出行线路，而乘客出行线路的变化会影响到客流在城市轨道交通网络上的分布情况，各条线路输送量也随之变化。导致列车延误的故障主要是列车晚点、区间堵塞、线路故障等情形。

　　非正常情况下的行车组织是相对于正常情况下的行车组织而言的，主要是指出于设备故障、火灾、大客流或运行秩序紊乱等原因，不能继续采用正常情况下的行车组织方法组织轨道交通行车。城市轨道交通由于采用较先进的设备，自动化程度较高，正常情况下的行车组织作业主要是利用先进设备监控列车运行。然而越先进的设备，由于平时很少遇到故障情况，一旦出现故障，则越考验各级行车人员的事故处理能力及应变能力。因此，为加强员工对非正常情况下的处理能力，城市轨道交通系统非常重视非正常情况下的事故演练。

非正常情况下的列车运行组织是相对上述正常情况下的列车运行组织而言的，也就是在基本列车运行控制方式出于信号故障、道岔故障等原因而不能继续采用原行车控制方式的情况下的列车运行组织。降级模式是在非正常情况下列车运行组织所采取的基本方法。

由于特殊情况造成的对原行车组织方式做出重大调整的，也属于非正常情况下的行车组织范畴，如列车救援、因故采用一线一车或分段运行等，都必须在行调的统一指挥下，在确保行车安全的前提下，组织列车运行。

一、列车晚点情况

列车晚点指列车未能按照列车运行图行车，到站时间晚于图定时间，导致乘客在车站的等候时间过长和换乘旅客的换乘时间延长。

在列车晚点发生情况下，应尽快采取措施进行调整，减少系统损失。调整的原则是通过沿线列车的运行时间、运行速度和停站时间等因素的调整，尽快均匀在线运行列车的间隔，逐步恢复列车运行的正常秩序。参照铁路列车晚点列车调整方法，可以采取列车运行、车站运行、调度运行三种方式。

（1）列车运行方式。前行列车通过提高站间运行速度，减少列车停站时间，后续列车通过减小站间运行速度，使前后列车的间距加大。

（2）车站运行方式。车站的信息系统应向乘客通告车站所处状态和列车运行情况，对乘客的进入做一定程度的限制，防止大量的客流在车站站台积压，加重晚点。

（3）调度运行方式。利用先进的调度系统对列车晚点的原因、程度、堆积列车数量、发生的地点做出正确的判断，并决策前行和后续列车的站间运行时间和建议停站时间，随时调整运行参数，编排临时运行图，并向相交线路通报运行情况，为行车值班人员提供决策依据。

二、区间堵塞情况

当线路发生意外导致线路堵塞时，将引起列车晚点及影响列车交路的实现。此时将采用临时交路分段运行的方式。

（1）列车运行方式。列车处于或能够驶入临时交路覆盖范围，则可以正常的驾驶方式运行，并由调度指挥系统根据临时列车运行计划的安排在规定的折返站折返。列车如果超出了临时交路的范围，应改为人工驾驶，尽可能就近在前方车站停车疏散乘客。如果无法进站，则应设法将列车倒回前一车站疏散。当列车被迫停在区间中无法开动时，可在调度员的指挥下，让乘客有秩序地从列车的紧急疏散门下车到区间，沿区间走到车站。

（2）车站运行方式。对于临时交路覆盖范围以外的车站，由于没有列车通行，车站应对乘客关闭。而对于临时交路范围内的车站，则应通过乘客信息系统向乘客通报列车运行的情况，并根据具体情况采取限制车站乘客数量的措施。

（3）调度指挥方式。调度指挥系统在确定要以临时交路运营后，应根据交路长短、在线列车数量等因素，排列出临时运行计划，并将此信息传输给车站和列车，通知相关线路，以采取一定的措施。对于被堵塞在区间中的列车及乘客，调度系统应采取灵活的措施，先安全疏散乘客，再处理引起堵塞的事件。

三、线路故障情况

（1）正线轨道故障。如果正线上的轨道发生故障。那么正线上的正常交路就无法实现，区间或车站必然引起堵塞，此时列车运行采用临时交路运行。

（2）折返线轨道故障。终点折返站一般拥有两条以上的折返进路。如果由于轨道或道岔故障导致其中一条进路不能实现，为使列车能够维持全线运行，列车应利用其他进路折返；如果所有进路都不能实现，则列车将不得不采取区间堵塞方式运行。

四、列车运行调整

出于设备故障、乘降拥挤、途中运缓或作业延误等原因，难免出现列车运行晚点的情况。此时，行车调度员应根据列车运行的实际情况，按恢复正点和行车安全兼顾的原则，根据规定进行列车运行调整，尽可能在最短的时间内使晚点列车恢复正点运行。

（1）列车运行调整的原则。在进行列车运行调整时，需按照列车的性质、用途进行调整。列车等级顺序为：专用列车、客运列车、调试列车、回空列车、其他列车。

（2）列车运行调整的方法。调度指挥的主要困难在于发生了列车运行秩序混乱，这时，需要行车调度员根据情况，在最短的时间内，选择出在区段内放行列车的最优决策，因此行车调度员必须掌握列车运行调整的基本方法。一般地，行车调度员可采取以下方法：

1）列车在始发站提前或推迟发出列车。

2）组织列车赶点。

3）延长或压缩停站时间。

4）使规定在站停车列车变为通过或使通过列车变为在站停车。

5）变更列车运行交路。

6）停运或加开列车。

7）备用车顶替。

8）列车反方向运行。

9）调整列车运行行车间隔。

行车调度员调整列车运行，既可根据列车运行的实际情况进行选择，也可以将上述列车运行调整的方法综合运用。

第二章　城市轨道交通列车
自动监控系统仿真实验

在城市轨道交通系统中，由双机冗余计算机组等设备构成的列车自动监控子系统（ATS）完成列车运行的控制任务。

ATS 子系统的硬件组成包括双机冗余计算机组和控制室内的显示盘、工作站、绘图仪、打印机等设备。该子系统的主要自动功能是跟踪正线列车运行，显示列车车次；根据储存的基本运行图或调整过的计划运行图，用人机对话方式生成当前使用的运行图；自动排列列车进路；自动进行列车运行调查；自动绘制实际列车运行图和生成各种运行报告。该子系统的主要人工功能包括行车调度员直接办理进路和进行列车运行调整两类。本课程实验是本专业教学的一个重要环节，是在《城市轨道交通运营管理》有关的教学内容完成后进行的，主要利用列车运行仿真系统完成列车运行的控制与监督，并可以运用所学的行车知识和行车操作流程解决实际问题。

第一节　城市轨道交通列车自动监控系统简介

一、系统概况

城市轨道交通列车自动监控仿真系统，为运输管理、通信信号、车辆等专业学生提供实习基地，从而使在校学生能更好地理论联系实际，巩固和加深理解课堂教学内容，完整地掌握运营管理、通信信号、车辆技术等基础知识。

系统以上海城市轨道交通 3 号线和 4 号线为蓝本，总体设计考虑共线运营。系统设计为两个模式：一是教学模式；二是演示模式。

教学模式下由通用性教学平台和 ATS 仿真课程组成，ATS 仿真课程通过教学平台进行教学与练习。其中通用性教学平台主要包括教学管理系统、课件制作系统，在后续可考虑添加考核、档案管理等功能。ATS 仿真课程包括控制中心 ATS 仿真系统、集中站车站值班员仿真系统、停车场信号楼调度员仿真系统。

演示模式是为完整展示整个 ATS 系统而设计的，按照 ATS 系统的通用分布模型进行构建。在本期项目中配置 22 台计算机分别用于模拟 1 个控制中心调度员工作站、18 个集中站的值班员工作站和 3 个停车场调度员工作站，如图 2-1 所示。

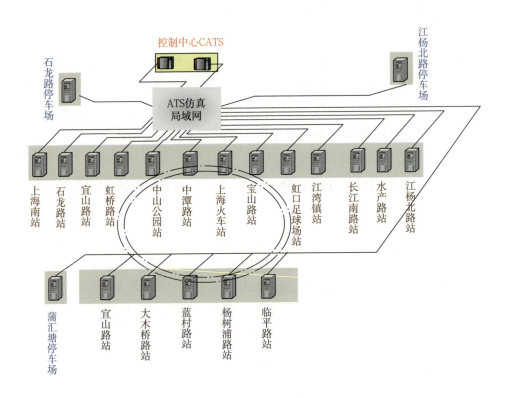

图 2-1 系统构建框架

城市轨道交通 ATS 仿真系统的硬件平台由 70 台学生机、1 台教师机、网络、1 套背投大屏显示设备组成。演示模式和教学模式都在该硬件平台上实现各自的功能，系统网络拓扑结构如图 2-2 所示。

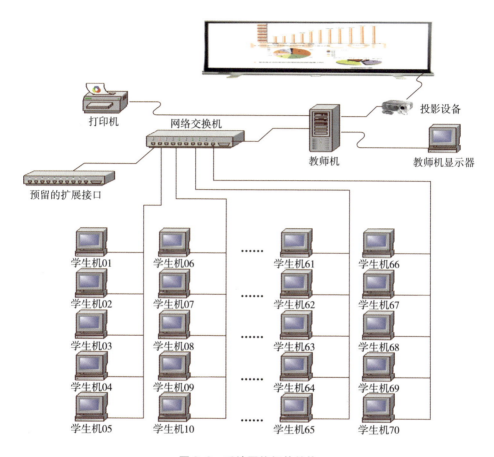

图 2-2　系统网络拓扑结构

二、系统结构

系统功能主要包括教学管理、教学案例制作及播放、ATS 运行控制仿真。

1. 教学管理

教学管理模块包括课程管理和电子教室功能。课程管理功能用来管理各种课程，包括课程的新建、删除、分类等；电子教室实现网络多媒体教室功能，提供广播教学、远程辅导、学生监控等教学手段，用于教学。

（1）教师教学过程。

1）教师机登录教学管理平台后，通过教学管理选择所需讲授的课程。

2）教师通过教学管理系统的电子教室的广播教学功能，指定学生或者全体学生接收教师机的屏幕内容。

3）被指定广播教学的学生机，显示教师机的屏幕内容，本机的鼠标和键盘被锁定，直至教师机解除对该学生机的教学广播。

4）同时教师可通过电子教室的其他功能，如电子黑板进行课程讲解、电子黑屏功能提醒学生认真听讲、师生互动功能使学生和教师在课堂上即时交流。

（2）学生练习过程。

1）学生机登录教学管理平台，可选择本机有权限访问的课程进行自由练习。该访问权限在课程管理中由管理员指定。

2）教师可通过教师机的电子教室的屏幕监视，实时查看学生的练习情况，通过远程辅导功能可接管某学生机的鼠标和键盘，在学生机上单独为该学生做演示操作。

3）学生若需要帮助，可通过学生机的电子举手功能呼叫教师，教师机的电子教室中会有相应学生的呼叫提示，教师可根据呼叫提示对学生进行帮助。

4）学生还可通过师生互动功能，与教师交流、讨论有关问题。

2. 教学案例制作及播放

教学案例制作模块包括教学案例的录制、编辑、播放功能。

3. ATS 运行控制仿真

此系统涉及 ATS 仿真、集中站值班员工作站仿真、停车场信号楼调度员工作站仿真。

（1）ATS 仿真功能。

1）信号控制功能（见表 2-1）。

表 2-1　信号控制功能

1	设置控制模式
2	设置终端模式
3	进路控制
4	信号机控制
5	循环控制

2）列车描述功能（见表2-2）。

表2-2　列车描述功能

1	定义列车
2	修改列车
3	取消车次号
4	移车次号
5	列车内容显示
6	列车内容编辑
7	控制轨道
8	ATP 切除

3）列车调整功能（见表2-3）。

表2-3　列车调整功能

1	系统调度模式的设置
2	跳停
3	三号线终端站计划发车
4	四号线终端站计划发车

4）站台控制功能（见表2-4）。

表2-4　站台控制功能

1	显示停站时间
2	设置停站时间
3	运行等级的设置
4	扣车
5	中止停站

5）运行图功能（见表2-5）。

表2-5　运行图功能

1	建立时刻表
2	删除时刻表
3	加车
4	减车
5	偏移时刻表
6	查询时刻表
7	列车运行图绘制
8	运行图显示方式
9	运行图显示控制

6）列车仿真运行（见表2-6）。

表2-6　列车仿真运行

1	模拟列车在线路上运行，模拟现场设备
2	车载设备与控制中心交互的信息
3	实现控制中心调度员教学培训子系统的操作环境
4	列车运行仿真功能包括正向运行、反向运行、出入库运行

7）信号故障模拟（见表2-7）。

表2-7　信号故障模拟

1	轨道区段红光带：区间、岔区
2	信号机故障：自动信号未触发、信号故障关闭、信号机灯丝断丝
3	道岔失去表示
4	进路命令未响应
5	轨旁 ATP 故障
6	轨旁 TWC 故障
7	车站站台紧急关闭
8	进路正常解锁故障
9	进路方向电路故障

8）车辆故障模拟（见表 2-8）。

表 2-8　车辆故障模拟

1	车载 TWC 故障
2	车载 ATP 故障
3	车辆故障不能继续运行
4	车次号遗留故障
5	车次号丢失
6	车次号跟踪错位
7	车次号错误
8	列车驾驶模式显示错误

9）其他功能（见表 2-9）。

表 2-9　其他功能

1	时刻表管理功能
2	操作记录功能
3	列车动态信息
4	回放功能

（2）集中站值班员工作站仿真功能。

1）正常操作功能（见表 2-10）。

表 2-10　正常操作功能

1	控制模式转换
2	道岔单操
3	道岔单锁
4	进路排列
5	取消进路
6	人工延时解锁
7	紧急关闭复原
8	自动信号的设置与取消
9	连续通过信号的设置与取消

10	扣车与中止停站
11	终端模式的设置
12	区段解锁故障的处理
13	引导进路锁闭和解锁
14	方向电路故障的处理

2）行车故障仿真（见表2-11）。

表2-11　行车故障仿真

1	轨道区段红光带：区间、岔区
2	信号机故障：自动信号未触发、信号故障关闭、信号机灯丝断丝
3	道岔失去表示
4	进路命令未响应
5	轨旁 ATP 故障
6	轨旁 TWC 故障
7	车站站台紧急关闭
8	进路正常解锁故障
9	进路方向电路故障

3）车辆故障仿真（见表2-12）。

表2-12　车辆故障仿真

1	车载 TWC 故障
2	车载 ATP 故障
3	车辆故障不能继续运行
4	车次号遗留故障
5	车次号丢失
6	车次号跟踪错位
7	车次号错误
8	列车驾驶模式显示错误

4）列车运行仿真（见表2-13）。

表2-13 列车运行仿真

1	正向运行
2	反向运行
3	调车运行
4	出入库运行

5）其他功能（见表2-14）。

表2-14 其他功能

1	操作记录功能
2	回放功能

（3）停车场信号楼调度员工作站仿真功能。

1）基本操作（见表2-15）。

表2-15 基本操作

1	进路操作
2	取消进路
3	重复开放信号
4	引导锁闭
5	引导总锁闭
6	人工解锁
7	区段故障解锁
8	道岔单操
9	道岔单解
10	道岔单锁
11	非进路调车
12	反向出库进路
13	反向入库进路

2）故障仿真（见表 2-16）。

表 2-16　故障仿真

1	信号机故障
2	轨道电路故障
3	道岔故障

3）列车运行仿真（见表 2-17）。

表 2-17　列车运行仿真

1	调车
2	列车出库
3	列车入库

4）其他功能（见表 2-18）。

表 2-18　其他功能

1	操作记录报告功能
2	回放功能

三、教学模式操作系统

1. 教学管理平台学生端操作

系统启动：双击桌面上的"教学管理平台"快捷方式，启动教学管理平台学生端程序，教学管理平台学生端登录窗口如图 2-3 所示。

系统退出：无论学生用户是否登录，只需要单击标题栏的关闭按钮【×】，即可关闭教学管理平台学生端。

2. 学生登录操作

（1）在如图 2-3 所示的学生端登录窗口中输入用户名和密码，选择正确的服务器（教师机）的 IP 地址和数据库（tpdb），单击登录按钮即可登录。

图 2-3　教学管理平台学生端登录窗口

（2）如果成功登录，则进入教学管理平台学生端主界面，如图 2-4 所示。如果登录过程中遇到问题，如用户名密码错误或者数据库连接错误，平台会弹出相应的提示。

图 2-4　教学管理平台学生端主界面

（3）注意：学生机的"教学管理平台"登录之前，需要先启动机架内的

【数据库服务器】，并确保 SQL Server 启动；然后启动教师机上的"教学管理平台"，才能进行登录。

3. 学生注销操作

注意：教师机退出教学管理平台之后，所有已经登录的学生机，同时也会被迫回到登录界面。

4. 学生用户操作

单击如图 2-4 所示的教学管理平台学生端主界面中的【教学管理】按钮，弹出"教学管理"窗口如图 2-5 所示。

图 2-5　学生端教学管理窗口

"教学管理"窗口向学生用户提供【课程列表】【教学工具】功能。学生可以通过【课程列表】启动练习的课程；同时通过【教学工具】来设定或者启动"电子教室学生端软件"。

（1）学生学习。

1）在如图 2-5 所示的"教学管理"窗口中，右边页面是【专业/课程列表】，以树形目录形式显示用户能够练习的课程。按下【学生学习】按钮，打开【专业/课程列表】页面。

2）在【专业/课程列表】页面中，选择树形目录下的某一课程并用鼠标双击，则启动该课程。

3）在如图 2-5 所示的"教学管理"窗口中，鼠标选择课程"行车调度"并双击，则启动"行车调度"课程。

（2）教学工具。

1）在如图 2-5 所示的"教学管理"窗口中，按下【教学工具】按钮，则弹出"教学工具"页面，如图 2-6 所示。

图 2-6　教学工具页面

2）在"教学工具"页面中，可以重新指定电子教室学生端软件的文件位置或当未启动学生端的电子教室软件时，通过启动按钮可以启动它。

3）注意：该操作基本上不用，只是出现了电子教师学生端软件未随机启动时才用。

4）单击【浏览】按钮，弹出如图 2-7 所示的选择文件对话框，在对话框中选择【电子教室学生端软件】的执行文件。

5）选择文件之后，单击【保存路径】按钮，即可将新位置存入数据库。

6）单击【启动】按钮可启动电子教室学生端软件。

图 2-7 选择文件对话框

四、演示模式操作系统

1. 模式说明

全线演示仿真系统具有两种模式：一种是停车场发车模式，由停车场发车，列车进入正线运行，由停车场、集中站、控制中心工作站组成；另一种是非停车场发车模式，由正线直接生成列车，根据在线时刻表发车，由集中站、控制中心工作站组成。

2. 系统启动与退出

全线演示仿真系统各个工作站的启动顺序：

（1）控制中心调度员工作站。

（2）值班员工作站。

（3）控制中心大屏工作站。

3. 控制中心调度员工作站启动与退出

（1）工作站启动。教师机上点击桌面上的"控制中心调度员工作站"快捷方式，启动演示模式，弹出演示仿真系统的登录界面如图 2-8 所示。图中有【停车场】【无停车场】两个单选按钮，分别用于选择"停车场发车模式"和"非停车场发车模式"。

选择【停车场】单选按钮，根据要求复选三个停车场，按下【登录】按钮，则启动"控制中心调度员工作站"，同时还启动相应的三个停车场调度员工作

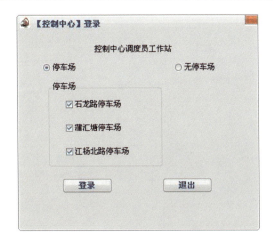

图 2-8 控制中心调度员工作站登录界面

站，进入停车场发车模式。三个停车场也可在中心调度员工作站菜单中随时开启或关闭。

选择【无停车场】单选按钮，按下【登录】按钮，则只启动"控制中心调度员工作站"，进入非停车场发车模式。

如图 2-9 和图 2-10 所示分别为"控制中心调度员工作站"和"停车场调度员工作站"的人机界面。

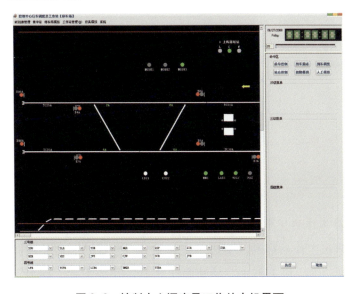

图 2-9 控制中心调度员工作站人机界面

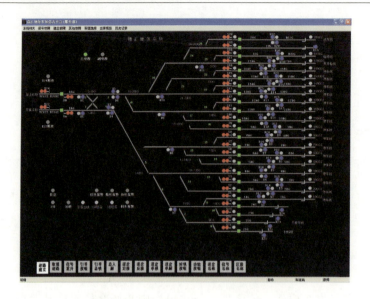

图 2-10　停车场调度员工作站人机界面

（2）工作站退出。在"控制中心调度员工作站"的【系统】菜单中，选择并点击如图 2-11 所示的【注销工作站】子菜单，则回到如图 2-8 所示的"控制中心调度员工作站登录界面"。

图 2-11　注销工作站菜单

4. 值班员工作站（车站与停车场）启动与退出

（1）值班员工作站启动。值班员工作站要登录成功，需要控制中心调度员工作站先登录。学生机上点击"值班员工作站"快捷方式，则弹出值班员工作站登录界面，如图 2-12 所示。

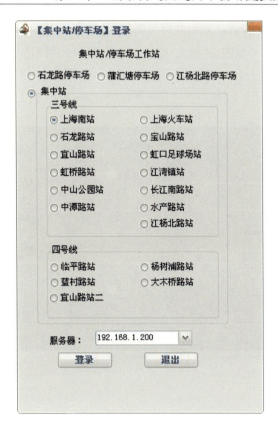

图 2-12　值班员工作站登录界面

在如图 2-12 所示的登录界面中，可以选择停车场或者选择集中站登录，服务器为"控制中心调度员工作站"（教师机）的 IP 地址，默认值为 192.168.1.200。如果服务器 IP 地址改变，则可直接输入"控制中心调度员工作站"（教师机）的 IP 地址。

如果需要登录某个停车场，则选择一个【停车场】单选按钮，输入正确的服务器 IP 地址，按下【登录】按钮，如果能够与指定 IP 的服务器进行通信，则启动相应的"停车场调度员工作站"，登录界面消失；如果不能与指定 IP 的服务器进行通信，则弹出连接错误提示信息。

如果需要登录某个集中站，首先选择【集中站】单选按钮，则 18 个集中站的单选按钮激活有效，选择欲登录的集中站的单选按钮，输入正确的服务器 IP

地址，按下【登录】按钮，如果能够与指定 IP 的服务器进行通信，则启动"集中站值班员工作站"（见图 2-13），登录界面消失；如果不能与指定 IP 的服务器进行通信，则弹出连接错误提示信息。

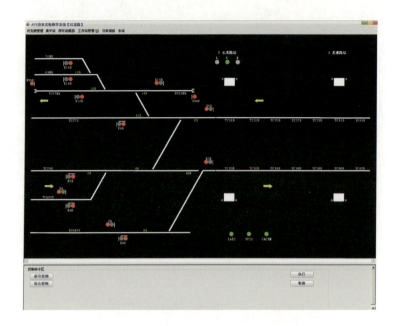

图 2-13　集中站值班员工作站人机界面

（2）值班员工作站退出。如果选择登录的是停车场，则选择并点击停车场调度员工作站的【系统相关】菜单的【退出】子菜单，则退出"停车场值班员工作站"，回到如图 2-12 所示的登录界面。

如果选择登录的是集中站，则选择并点击集中站值班员工作站的【系统】菜单的【注销工作站】子菜单，则退出当前的"集中站值班员工作站"，回到如图 2-12 所示的登录界面。

"控制中心调度员工作站"注销工作站退回到登录界面时，所有学生机上的"值班员工作站"也全部退出回到登录界面。

5. 控制中心大屏工作站启动与退出

（1）工作站启动。选择点击投影控制机桌面上"控制中心大屏工作站"快捷方式，即启动控制中心大屏工作站。

（2）工作站退出。选择点击"控制中心大屏工作站"的标题栏的右边【×】按钮，则退出控制中心大屏工作站。

6. 工作站管理

工作站管理可以显示所有登录到控制中心的工作站，由于除了控制中心调度员工作站外，其他工作站登录之后，初始均无操作权限，【工作站管理】操作允许给同类型的工作站其中之一授予操作权限。

（1）启动工作站管理。

在控制中心调度员工作站中，选择单击【工作站管理】菜单，则弹出如图2-14所示的"工作站管理窗口"。

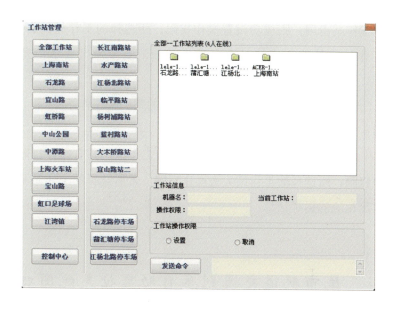

图 2-14 工作站管理窗口

（2）工作站管理界面。

1）工作站管理窗口由工作站选择按钮、工作站列表、工作站信息区、工作站命令区组成。【工作站选择】按钮：用来查看登录的控制中心/集中站/停车场工作站的机器；如选择按下【停车场】按钮，则"工作站列表"中显示所登录的停车场调度员工作站的机器名。

2）【工作站列表】用于显示登录到不同工作站的机器名。

3）【工作站信息区】当在工作站列表中选择某个工作站时，则该工作站的具体信息显示在工作站信息区，内容包括工作站的机器名、当前登录的工作站、当前的操作权限。

4）【工作站命令区】用于向选定的工作站机器授予"操作权限"。在同一类工作站中，同时只允许有一台工作站具有操作权限。

（3）操作权限设置与取消。

1）在工作站列表中选择需要授予操作权限的某一台工作站。

2）选择【设置】单选按钮。

3）按下【发送命令】按钮，如果所选择的工作站的操作权限未被同组别工作站中其他工作站占用，则成功设置操作权限，所选择的工作站具有操作权限。若同组别工作站的其他工作站已经有操作权限，则会弹出提示信息，设置不成功。

4）在工作站列表中选择需要取消操作权限的某一台工作站。

5）选择【取消】单选按钮。

6）按下【发送命令】按钮，如果所选择的工作站已具有操作权限，则成功取消其操作权限，所选择的工作站失去操作权限。若所选择的工作站不具有操作权限，则弹出相应的提示信息。

第二节　城市轨道交通列车自动监控系统图标说明

一、界面组成

ATS 仿真系统的人机界面由主菜单、站场图、时钟显示区、控制命令区组成，如图 2-15 所示。

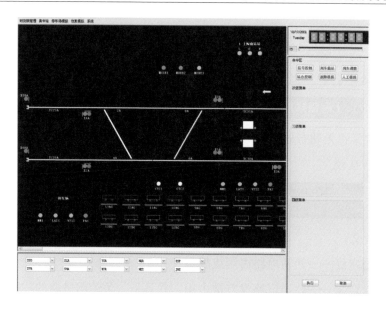

图 2-15 ATS 仿真系统人机界面

1. 主菜单

主菜单包括【时刻表管理】【集中站】【停车场模拟】【仿真模拟】【系统】五个菜单。【时刻表管理】菜单用于建立在线仿真运行时刻表；【集中站】菜单用于在不同仿真系统间切换；【停车场模拟】菜单用于模拟开放停车场内的 XA/XB；【仿真模拟】菜单用于启动或停止仿真；【系统】菜单用于启动【运行图工具】【操作记录浏览】【列车动态信息浏览】【回放工具】以及退出系统。

2. 站场图

全线所管辖范围内的 19 个车站和停车场存车线部分的站场显示，黑底背景，由信号机、道岔、轨道区段、站台、车站标识等符号组成。

3. 时钟显示区

用于显示 ATS 仿真时间，可以通过滑动块调节 ATS 仿真时钟的快慢。

4. 控制命令区

集中站的控制命令区包括四个基本功能：信号控制、列车描述、列车调整和站台控制，外加两个模拟功能：故障模拟、人工模拟。通过该面板，可对轨道旁设备进行操作，模拟故障并进行行车处理。

二、站场图符号及显示含义

1. 车站符号

标识： `1 上海南站站`

显示含义：无动态显示。

2. 轨道区段

标识： `TC25A`

显示含义：

（1）稳定红——轨道电路占用或故障。

（2）稳定绿——轨道电路没有被占用，并且是一条锁闭进路的一部分。

（3）稳定白——轨道电路没有被占用，并且不是一条进路的一部分。

（4）闪红——轨道电路处于忽略状态。

3. 信号机

标识：

（1）普通信号机：

（2）引导信号机：

（3）自动信号：

（4）连续通过：

显示含义：

（1）稳定绿色——信号开放，直股行驶。

（2）稳定红色——信号关闭。

（3）稳定白色——信号开放，侧股行驶。

（4）稳定白色＆红色——引导信号。

连续通过信号机和自动信号机旁边有一个箭头。

（1）稳定绿色箭头——自动通过信号机。

（2）稳定黄色箭头——自动信号机。

（3）无箭头——普通信号机。

灯丝断丝：信号机旁边的断丝符号将闪烁红色。

4. 道岔

标识：

显示含义：

（1）道岔状态：

绿色——道岔进路锁闭（是锁闭进路的一部分）。

红色——道岔占用。

深蓝色——道岔单锁。

浅蓝色——道岔处于带动锁闭。

灰色——正在执行排列/取消进路的命令。

白色——道岔空闲。

（2）道岔位置：

道岔名闪红——道岔无表示。

道岔名为绿——道岔定位。

道岔名为黄——道岔反位。

5. 列车车次号

标识：

显示含义：

（1）第一位字符。

白色——ATP 模式。

红色——ATP 切除。

（2）第二位和第三位（运行号）。

白色——准点列车。

绿色——早点列车。

黄色——晚点列车。

蓝色——非计划列车。

（3）第四位字符。

白色——正常行驶列车。

深蓝色——跳停列车。

（4）第五位字符。

红色——三号线列车。

绿色——四号线列车。

灰色——无法确定线路列车。

6. 车次窗号

标识：

显示含义：车次窗号如图中的虚线方框中的数字"79"，平时隐藏不显示，只有进行列车描述操作时才会显示。

7. 控制模式

标识：

显示含义：

标记"C"的圆圈，稳定绿色——控制模式为中央控制。

标记"C"的圆圈，闪烁绿色——正在请求转换到中央控制模式。

标记"L"的圆圈，稳定黄色——站控模式。

标记"L"的圆圈，闪烁黄色——请求转换到站控模式。

标记"E"的圆圈，闪烁红色——紧急站控模式。

8. 运行方向

标识：

显示含义：

（1）稳定绿色向左——运行方向向左且锁闭。

（2）绿色向右——运行方向向右且锁闭。

（3）无箭头——无方向，未锁闭。

9. 站台

标识：

显示含义：

（1）站台：每个站台在站内相应的轨道电路旁边用长方形表示。

稳定黄色——列车停在站台。

稳定白色——站内无车。

（2）站台紧急按钮：用一个小菱形表示，位于相应的站台下方。

稳定红色——紧急停车按钮被按下。

无——紧急停车按钮没有起作用。

（3）发车表示器：每个站台有2个发车表示器，位于站台旁边。

稳定白色——列车可以发车。

闪烁白色——列车准备发车（关车门）。

灰色——无表示。

（4）扣车：用一个字母"H"表示，每个站台有两个扣车标志，位于站台两侧。

闪烁红色 H——站台人工扣车。

无——无扣车。

（5）跳停：用一个字母"S"表示，每个站台有两个跳停标志，位于站台两侧。

稳定绿色 S——站台跳停。

无——无跳停。

10. 终端模式

标识：

显示含义：

标有"1""2"或"3"小圆圈，稳定绿色——该模式有效。

标有"1""2"或"3"小圆圈，灰色——该模式无效。

11. 循环模式

标识：

显示含义：

（1）标有"1"或"2"或"3"的圆圈，稳定黄色——该循环进路有效。

（2）标有"1"或"2"或"3"的圆圈，稳定白色——该循环无效。

12. LATS 状态表示灯

标识：

显示含义：

（1）稳定绿色——LATS 正常工作。

（2）稳定红色——LATS 故障。

13. SACEM 状态表示灯

标识：

显示含义：

（1）稳定红色——与 SACEM 通信中断或 SACEM 没有工作。

（2）稳定绿色——通信正常且 SACEM 工作。

14. VPI2 状态表示灯

标识：

显示含义：

（1）稳定红色——VPI2（主机和备机）都未工作或通信中断。

（2）稳定绿色——VPI2 工作正常。

15. MMI 状态表示灯

标识：

显示含义：

（1）稳定绿色——MMI 正常工作。

（2）稳定红色——MMI 故障。

16. FAS 状态表示灯

标识：

显示含义：

（1）闪红——FAS 没有工作。

（2）灰色——FAS 正常工作。

三、菜单操作

1.【时刻表管理】菜单

建立在线时刻表，用于仿真所依据的时刻表。目前设置的在线时刻表有四个：全线、宜山路折返、石龙路折返、单列车全线（除了全线外，其他三个时刻表只有一辆列车运行数据，列车车次号为30201，从TC60SY转换轨出库，到石龙路下行站台折返）。选择单击"时刻表管理"菜单，弹出如图2-16所示的子菜单。选择单击其中一个，即可建立在线时刻表，用于仿真运行。

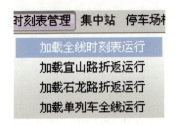

图 2-16　时刻表管理子菜单

2.【集中站】菜单

集中站菜单包括在 ATS、10 个集中站、停车场之间切换显示菜单。选择单击"集中站"菜单，弹出如图 2-17 所示的子菜单。

图 2-17　集中站子菜单

选择任何子菜单中的任何一项，即可切换到相应系统的界面。

3. 【停车场模拟】菜单

用于模拟停车场的信号机 XA、XB 的开放，只有开放停车场的 XA、XB，正线入库进路才能排列。选择单击"停车场模拟"菜单，弹出如图 2-18 所示的子菜单。

图 2-18　停车场模拟子菜单

从子菜单中单击所选的子菜单，则相应的信号开放。如图 2-19 所示，为选择单击"开放 XA 信号"子菜单后的人机界面显示。当停车场的 XA 或 XB 开放后，如果需要解锁，只需再次选择相应的子菜单并单击即可。

图 2-19　XA 开放显示

4. 【仿真模拟】菜单

仿真模拟菜单用于启动或者停止列车运行仿真。选择单击"仿真模拟"菜单，弹出如图 2-20 所示的子菜单。

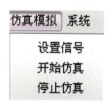

图 2-20　仿真模拟子菜单

（1）选择并单击"设置信号"子菜单，则自动设置全线的自动信号以及连续通过信号，从而省略通过操作面板设置所有的自动信号和连续通过信号烦琐过程。

（2）选择并单击"开始仿真"子菜单，如果在线时刻表已经建立，则列车运行仿真开始。如果未建立在线时刻表，则弹出错误提示信息。

（3）选择并单击"停止仿真"子菜单，如果已经开始仿真，则列车运行仿真停止，所有状态恢复到初始状态。如果仿真未开始，则弹出错误提示信息。

5.【系统】菜单

系统菜单包括运行图、操作记录、列车动态信息、回放、退出子菜单。如图2-21所示。

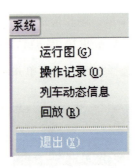

图 2-21　系统子菜单

（1）运行图子菜单：用于打开运行图工具。

（2）操作记录子菜单：用于浏览操作记录。

（3）列车动态信息子菜单：用于以表格形式浏览列车运行过程的动态信息。

（4）回放子菜单：用于打开回放对话框。

（5）退出子菜单：退出仿真系统。

1）选择并单击"运行图"子菜单，打开运行图工具，如图2-22所示。运行图工具用于对时刻表进行编辑、管理。

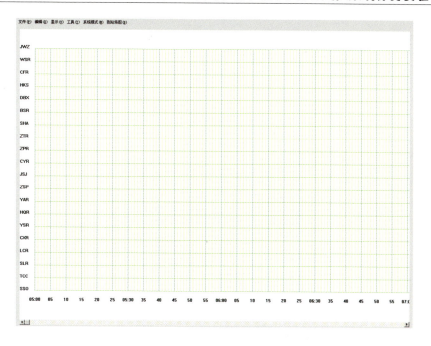

图 2-22 运行图工具界面

2）选择并单击"操作记录"子菜单，弹出如图 2-23 所示的对话框。操作记录针对各个集中站分别记录，记录的内容包括操作日期、操作时间（仿真时间）、操作人员、操作内容、操作描述、操作结果、系统时间（当前时间）。

操作日期	操作时间	操作人员	操作内容	操作描述	操作结果	系统时间
2006-10-13	0:0:0	NULL	扣车	SSO的1站台正向扣车	TRUE	11:46:34

图 2-23 操作记录浏览对话框

3）选择并单击"列车动态信息"子菜单，弹出如图 2-24 所示的对话框。列车动态信息以表格的形式反映列车仿真运行的动态信息。信息内容包括车体号（列车名）、运行号（车次号）、目的地、当前位置、计划状态（计划列车/非计划列车）、计划偏离（早点/晚点/准点）、列车模式（驾驶模式）、运行速度。

车体号	运行号	目的地	当前位置	计划状态	计划偏离	列车模式	运行速度
30101	30101	JWZ	TC22C	计划	早点	ATO	65 km/h
30201	30201	SLR	TC31B	计划	早点	ATO	0 km/h

（列车运行信息）

图 2-24　列车动态信息对话框

4）选择并单击"回放"子菜单，弹出如图 2-25 所示的回放控制对话框。

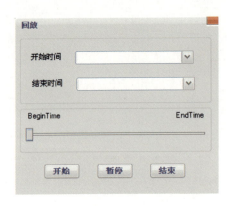

图 2-25　回放控制对话框

5）选择并单击"退出"子菜单，退出仿真系统。

第三节　城市轨道交通列车自动监控系统仿真实验要求

一、实验说明

1. 实验目的

本实验面向城市轨道交通运营管理及相关技术人员的综合实验课程。通过本实验的学习，使学生全面掌握城市轨道交通行车的概念、操作与运用。通过列车自动监控系统（ATS 系统），使学生熟悉 ATS 人机界面，熟练掌握中控、站控、紧急站控互相切换、终端模式与循环模式的设置与要求、设置与取消进路的方法、道岔位置的操作与锁定、站台控制的操作与原理。通过轨道交通行车实例分析,使学生掌握正常以及非正常状态下,行车调度员、值班员的系统操作以及应急指挥,使学生了解相关的应急管理的方法,掌握紧急状况下的管理措施。

2. 实验任务

学习行车自动监控系统的操作、巩固运营管理课堂教学效果,同时拓展其在其他课程所学的运营知识,使相关内容融会贯通,加强专业综合技能;同时掌握行车组织各岗位的基本操作。

通过本系统的实验,培养学生的组织能力,加强专业技能,使学生能够掌握行车调度员、车站值班员、停车场调度员等岗位的行车组织综合技能。

实验时,每个实验分不同的小组进行。学生应根据实验指导书,认真预习,独立完成操作,并做好记录。运用所学习的理论和操作方法解决一定的实际问题,并完成实验报告。

3. 实验目标

(1)掌握不同制式的中控与站控之间的转换。

(2)掌握不同制式的终端模式与信号设置。

(3)掌握不同制式的进路的办理。

(4)掌握进路解锁。

(5)掌握相关道岔操作。

(6)掌握引导进路与总解锁。

(7)掌握简单的综合行车组织调整流程。

4. 实验设备

(1)城市轨道交通列车自动监控系统仿真实验软件。

(2)系统服务器、网络设备、计算机。

5. 适用专业

(1)城市轨道交通运营管理。

(2)城市轨道交通通信信号。

6. 先修课程

(1)《城市轨道交通运营管理》。

（2）《城市轨道交通系统概论》。

（3）《城市轨道交通客运组织》。

二、实验内容

城市轨道交通行车组织仿真实验包括以下几个方面的内容：

1. 课前预习及实验准备

实验前，要提前预习各次实验所涉及的行车组织、运营管理、应急处理等基础知识，准备好记录实验步骤、分析实验数据的表格和工具等，以便顺利进行实验。

2. 观摩实验

通过示教系统及示教软件，让学生了解城市轨道交通行车组织仿真实验系统如何利用行车调度仿真系统实现列车运行组织仿真、人机交互操作等。

3. 进行实验

通过学生自己动手实验，记录操作过程，绘制各实验的系统仿真软件流程，更好地掌握系统的各项操作，并验证列车运行组织、应急处置操作理论。

在实验中，必须遵守实验室规章制度，严格按照实验要求和实验规程操作，听从实验教师和任课教师的指导，认真完成实验。

4. 完成实验报告

实验报告包括以下基本内容和要求：

（1）实验名称。

（2）专业名称，班级代码，实验者姓名、学号，同组成员姓名，实验日期。

（3）实验目的和任务。

（4）实验内容。

（5）实验方法与步骤。

（6）实验结果与分析（应当对实验结果进行分析和讨论，说明本实验的优缺点，主要结果是否正确，了解各项操作之间的制约关系）。

（7）实验习题（解答教师指定的思考题目）。

实验报告要用规定的实验报告纸书写，要求字面整洁、语言通顺、表达准确、图表清晰、分析合理。

三、实验安排

1. 实验一

（1）实验名称：控制模式设置实验。

（2）实验属性：验证。

（3）实验内容：

1）熟悉集中站车站值班员人机界面介绍。

2）掌握不同线路相关制式中涉及中控、站控、中央放权、车站要权、非常站控等操作过程。

（4）实验要求：

1）了解列车自动监控系统的设备与组成。

2）掌握中控、站控、非常站控的内涵。

3）熟练掌握车站要权、中央放权、中央收权、车站交权的内涵与操作，以及操作过程中涉及的注意事项与先决条件。

（5）重点难点：

1）本实验重点：掌握列车自动监控系统界面与系统运行。

2）本实验难点：站控转中控的操作前提与要求设置。

2. 实验二

（1）实验名称：终端模式设置与信号机控制实验。

（2）实验属性：综合。

（3）实验内容：

1）掌握各不同制式条件下的终端模式的识别、切换与设置。

2）掌握信号机的工作模式。如何设置自动信号、防护信号、连续通过信号、区间封锁信号。

（4）实验要求：

1）了解列车自动监控系终端模式的设置与各折返站的具体区别。

2）熟悉自动信号、练习通过信号的作用与具体操作。

（5）重点难点：

1）本实验重点：掌握各类信号机的设置与不同系统的操作区别。

2）本实验难点：在各类折返条件下设置终端模式与循环模式的操作与区别。

3. 实验三

（1）实验名称：进路设置控制实验。

（2）实验属性：综合。

（3）实验内容：

1）熟悉各线路条件下的进路、联锁的计算机表示。

2）掌握进路的排列过程，进路的三点检查，进路排列检查的条件。

（4）实验要求：

1）了解信号基础前期课程关于排列进路的相关进路知识点。

2）掌握排列进路的各类操作与条件。

（5）重点难点：

1）本实验重点：掌握排列进路的条件与操作。

2）本实验难点：涉及信号基础知识的各类三点检查等排列进路的条件。

4. 实验四

（1）实验名称：进路解锁控制实验。

（2）实验属性：综合。

（3）实验内容：掌握正常解锁、取消进路、人工延时解锁、区段故障解锁的操作。

（4）实验要求：

1）了解进路解锁的各类型与方式。

2）掌握在正常情况与非正常情况下进路解锁的操作与区别，以及人工延时解锁、区段故障解锁各系统的区别。

（5）重点难点：

1）本实验重点：正常解锁、取消进路、人工延时解锁、区段故障解锁的操作。

2）本实验难点：人工延时解锁、区段故障解锁各类系统的操作与区别。

5. 实验五

（1）实验名称：道岔控制与操作实验。

（2）实验属性：设计。

（3）实验内容：

1）熟悉道岔的位置。

2）掌握道岔的单操、定位、反位等操作。

（4）实验要求：

1）掌握各类道岔类型与形式，以及道岔标号的定义与测量方式。

2）掌握各类型的列车自动监控系统对于道岔定反位的操作与区别，以及道岔锁闭与解锁的内容。

3）了解在道岔故障的突发情况下具体解决方案及各岗位人员的操作。

（5）重点难点：

1）本实验重点：掌握各类系统的道岔定反位与道岔锁闭解锁的操作。

2）本实验难点：在非正常运营条件下，列车运营调整的操作与方法。

6. 实验六

（1）实验名称：引导接车操作实验。

（2）实验属性：综合。

（3）实验内容：

1）掌握如何办理引导信号、取消引导信号。

2）掌握如何解锁引导信号、引导总锁闭的使用时机。

（4）实验要求：

1）掌握引导接车办理的先决条件以及后续具体操作。

2）理解引导信号与引导总锁闭的区别与操作以及不同信号系统的具体内容。

（5）重点难点：

1）本实验重点：掌握引导信号、引导总锁闭的操作。

2）本实验难点：不同信号系统的引导信号的操作与区别。

7. 实验七

（1）实验名称：站台控制操作实验。

（2）实验属性：综合。

（3）实验内容：

掌握如何扣车、显示停止时间、运营等级、设置停站时间等操作。

（4）实验要求：

掌握在列车早点、晚点情况下通过列车自动监控系统进行运营调整的方式，具体包括列车扣车、跳停、停站时间的设置以及运营等级的调整与操作。

（5）重点难点：

1）本实验重点：掌握列车扣车、显示停止时间、运营等级、设置停站时间等操作。

2）本实验难点：在非正常情况下，通过各类运营调整手段，完成列车正常运行的操作。

8.实验八

（1）实验名称：列车描述操作实验。

（2）实验属性：综合。

（3）实验内容：

掌握列车描述子菜单下的车次号定义、车次号更名、车次号移动、车次号删除、列车内容显示、控制轨道、ATP 切除功能按钮操作与功能。

（4）实验要求：

掌握熟知车次号定义、车次号更名、车次号移动、车次号删除、列车内容显示、控制轨道、ATP 切除等操作过程。

（5）重点难点：

1）本实验重点：掌握列车车次号定义、车次号更名、车次号移动、车次号删除等操作。

2）本实验难点：ATP 切除功能按钮操作与功能，以及其使用条件与注意事项。

第四节　实验一：控制模式设置实验

一、实验目的与实验要求

1.实验目的

通过实验让学生熟悉 ATC 系统人机界面的构成要素，掌握不同控制模式

（中控与站控之间转换）的适用时机和实际操作能力，为后面的实验打下基础。

2. 实验要求

（1）熟悉中心 ATS、各集中站车站值班员人机界面。

（2）熟知中央放权、车站要权、中央收权、车站交权、紧急站控等操作过程。

二、实验原理

1. 控制模式的内涵

（1）中控：中控是指 CATS 不仅具有运行监督状态功能，并可执行所有操作，由 CATS 自动控制或由调度员人工控制。

（2）站控：通过控制中心行车调度员与车站值班员办理授、受权手续后，转为由车站值班员控制。CATS 处于运行监督状态，不能执行对车站信号设备的控制功能。

（3）非常站控：当数据传输系统故障或者车站发现有危及行车安全的情况时，车站值班员使用【设置控制模式】操作，强行进行站控，但非常站控后只能转回站控，不能直接转回中控。

2. 控制模式设置

（1）设置控制模式之间的转换有中控转为站控、站控转为中控、紧急站控三种情况。

（2）中控转为站控和站控转为中控，需要由车站和中央配合完成。根据申请者的不同，中控转为站控又分为车站要权、中央放权；站控转为中控又分为车站交权、中央收权。

（3）站控转为中控时，需先取消集中站中所有进路、所有自动信号、所有连续通过信号，才能进行站控到中控的转换。

（4）集中站在发生车站与中央通信故障或者遇到突发紧急情况下，通过"紧急站控"强行实施站控。

三、预习要求

（1）控制中心、车站以及车辆段主要信号设备。

（2）城市轨道交通不同行车岗位的作业内容及其相互关系。

四、实验内容和实验过程

1. 中控转为站控

实验前提：控制模式为中控，中控表示灯亮绿色稳定灯，站控表示灯灭灯，紧急站控表示灯灭灯。

（1）车站要权（申请者：车站）。

1）车站值班员操作。

a. 切换到某个需要申请站控的集中站仿真系统界面。

b. 在集中站的"设置控制模式的任务界面"中的站名文本框中输入车站代码。

c. 选择【站控】单选按钮。

d. 按下【执行】按钮，站控表示灯黄色闪烁（本实验中无显示），表示处于站控申请状态。

2）中央调度员操作。

a. 如果中央同意，在中央 ATS 的"设置控制模式命令窗口"中输入站名。

b. 选择【站控】单选按钮。

c. 按下【执行】按钮，发送命令。若输入的信息正确，则中控表示灯灭灯，站控表示灯点亮稳定的黄色，表示该集中站当前控制模式已经转换成站控。

（2）中央放权（申请者：中央）。

1）中央调度员操作。

a. 在 ATS 中的"设置控制模式命令窗口"中输入站名。

b. 选择【站控】单选按钮。

c. 按下【执行】按钮，发送申请命令。

d. 若输入的信息正确，则站控表示灯黄色闪烁，表示该集中站处于站控申请状态。若输入的信息有误，则会弹出相应的提示信息。

2）车站值班员操作。

a. 切换到相应的集中站界面，打开"集中站设置控制模式的任务界面"，输入站名。

b. 选择【站控】单选框。

c. 按下【执行】按钮，则站控表示灯点亮稳定的黄色，表示该集中站当前控制模式已经转换成站控。

2. 站控转为中控

实验前提：当前控制模式为站控，站控表示灯亮黄色稳定灯光，中控表示灯灭灯，紧急站控表示灯灭灯。

（1）中央收权（中央申请）。

1）中央调度员操作。

a. 在 ATS 仿真系统中的"设置控制模式命令窗口"中输入站名。

b. 选择【中控】单选框。

c. 按下【执行】按钮。

d. 若输入的信息正确，则站控表示灯亮黄色稳定灯光，中控表示灯绿色闪烁，表示正在申请中控。若输入的信息有误，则会弹出相应的提示信息。

2）车站值班员操作。

a. 切换到相应的集中站仿真系统界面，打开集中站设置控制模式的任务界面，通过键盘直接输入或者通过鼠标单击站场图上的车站标识输入站名。

b. 选择【中控】单选框。

c. 按下【执行】按钮，则站控表示灯灭灯，中控表示灯绿色稳定，表示控制模式转换为中控。

（2）车站交权（车站申请）。

1）车站值班员操作。

a. 切换到申请中控的集中站仿真系统界面，打开"集中站设置控制模式的任务界面"。

b. 通过键盘直接输入或者通过鼠标单击站场图上的车站标识输入站名。

c. 选择【中控】单选框。

d. 按下【执行】按钮，则站控表示灯亮黄色稳定灯光，中控表示灯绿色闪烁，表示正在申请中控。

2）中央调度员操作。

a. 切换到 ATS 仿真系统，在 ATS 中打开"设置控制模式命令窗口"。

b. 通过键盘直接输入或者鼠标单击站场图上的车站标识输入站名。

c. 选择【中控】单选框。

d. 按下【执行】按钮，则站控表示灯灭灯，中控表示灯绿色稳定，表示控制模式转换为中控。

3. 紧急站控

实验前提：以控制模式为中控，中控表示灯亮绿色稳定灯，站控表示灯灭灯，紧急站控表示灯灭灯。

（1）运用时机：发生车站与中央通信故障或者遇到突发紧急情况下，通过"紧急站控"强行实施站控。

（2）紧急站控。

1）在集中站中打开设置控制模式的任务界面。

2）通过键盘直接输入或者通过鼠标单击车站标识输入站名。

3）选择"紧急站控"单选框，弹出密码验证窗口。

4）输入正确的用户名和密码，按下【确定】按钮，如果信息正确，则密码验证窗口关闭。

5）单击【执行】按钮，则中控表示灯灭灯，紧急站控表示灯点亮红闪灯，表示控制模式处于紧急站控。

（3）紧急站控恢复。

1）在集中站中打开设置控制模式的任务界面。

2）通过键盘直接输入或者通过鼠标单击车站标识输入站名。

3）选择"紧急站控"单选框，弹出密码验证窗口。

4）输入正确的用户名和密码，按下【确定】按钮，如果信息正确，则密码验证窗口关闭。

5）单击"执行"按钮，则紧急站控表示灯灭灯，站控表示灯点亮黄灯，表示控制模式处于站控。

五、实验结果分析要求

（1）分析中控、站控、中央放权、车站要权、非常站控等操作的使用条件。

（2）分析中控与站控的转换在行车组织中的作用。

（3）在中控和站控条件下，各自的操作权限有何不同。

六、实验思考与讨论题

（1）控制模式有哪几种？它们的含义是什么？

（2）中控转为站控有哪几种方式？站控转中控有哪几种方式，且需要注意什么联锁条件？

（3）控制模式为中控时，集中站可以进行哪些操作？站控时，中央 ATS 可以进行哪些操作？

第五节 实验二：终端模式设置与信号机控制实验

一、实验目的与实验要求

1. 实验目的

通过实验让学生更好地理解城市轨道交通行车组织的基本理论，同时提高学生对终端折返模式设置与信号机控制的实际操作能力。

2. 实验要求

（1）理解终端模式的识别及含义。

（2）掌握设置终端模式操作。

（3）熟悉掌握信号机的工作模式。

（4）掌握设置/取消自动信号、连续通过信号操作。

二、实验设备

ATC 仿真系统、电脑。

三、实验原理

1. 终端模式

（1）折返的定义：运行列车的折返是指该次列车运行到图定的终点或指定

地点后进入规定线路改变运行方向回到图定位置准备重新始发的过程。

（2）列车折返方式根据折返线的布置分为站前折返和站后折返两种（站前折返又称渡线折返，站后折返又称折返线折返）。只有具有折返功能的车站才能进行该操作，否则给出错误信息提示，如图 2-26 所示。

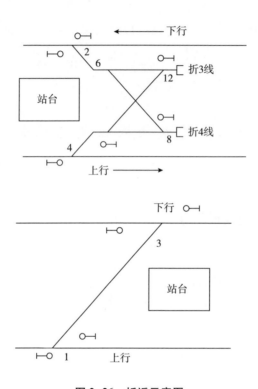

图 2-26　折返示意图

（3）终端模式分类：模式 1、模式 2、模式 3。模式 3 为优先模式（默认的终端模式）。

（4）某一终端模式设置后，该站的折返进路由接近列车的目的地信息自动建立。

（5）三种终端模式同时只能有一种模式存在。

（6）本系统中，只有集中站上海南站和中山公园站具备终端模式。

2. 信号机控制

（1）信号机工作模式的种类：自动、连续通过信号、普通信号。

（2）自动信号的作用：将那些常开放的信号设置成自动信号，当列车在该信号的接近区段时，将自动排列该信号所防护的进路。可以减少操作，提高信号开放的效率。

（3）连续通过信号的作用：连续通过信号用于正向经常连续有车通过的进路。连续通过信号设置以后，待驶入该进路的列车出清进路，该进路解锁，同时又自动建立进路，开放信号。

（4）关于信号机控制说明。

1）信号机工作模式有自动信号和连续通过信号。

2）自动信号设置后，该信号不能作为进路始端。

3）自动信号设置后，当列车占用触发区段时，自动信号默认的进路能够自动排列。

4）在仿真系统中具有自动信号功能的信号机有：

上海南站——X2A/X4A/X8A。

石龙路站——X2B/X6B/X8B/XAB/XBB。

宜山路站——X1C/X5C。

虹桥路站——X2D/X12D。

中山公园站——X2E/X4E。

上海火车站——X6G。

宝山路站——X1H/X11H。

江湾站——X1K/X7K。

5）连续通过信号的设置，需要先建立进路后才能设置。

6）连续通过信号设置后，当列车出清进路，进路解锁后，该进路能够重新自动排列。

7）在仿真系统中具有连续通过信号功能的信号机有：

上海南站——X3A。

中山公园站——X6E/X12E。

中潭路站——X1F/X7F。

上海火车站——X8G/X14G。

虹口足球场站——X2J/X8J。

四、预习要求

（1）城市轨道交通终端模式及信号机工作模式的有关知识。

（2）城市轨道交通信号分类及其触发条件。

五、实验内容与实验要求

1. 设置终端模式

（1）在"设置信号命令窗口"中，按下【设置终端模式】按钮，下拉出"设置终端模式命令窗口"。

（2）在"设置终端模式命令窗口"中输入站名。

（3）选择【终端模式（1、2、3）】。

（4）按下【执行】按钮，若输入的信息正确，则终端模式设置为所选择的模式。若输入的信息有误，则给出相应的提示信息。

2. 信号机控制

（1）自动信号。

1）自动信号的设置：通过【设置自动信号】操作，相应地，具有自动信号功能的信号机工作模式就被设置为自动信号，信号机前出现黄色箭头。

2）自动信号的取消：通过【取消自动信号】操作，则取消该自动信号。

（2）连续通过信号。

1）连续通过信号的设置。

a. 【设置连续通过信号】操作，设置该信号机工作模式为连续通过信号。

b. 当进路建立，防护进路的信号机开放后，执行【设置连续通过信号】操作，该信号机设置成连续通过信号，信号机前出现绿色的箭头。

2）连续通过信号的取消。

a. 通过【取消连续通过信号】操作，可取消信号机的连续通过信号模式。

b. 输入信号机名称及信号机所在的车站名称，选择【取消连续通过信号】单选按钮，则相应的信号机绿色箭头取消。

3. 信号机控制操作

（1）在"信号控制命令窗口"中，按下【控制信号机】按钮，下拉出"控制信号机命令窗口"。

（2）在"控制信号机命令窗口"中输入站名和信号机名。

（3）选择需要设置选项的单选按钮（连续通过/取消连续通过/自动信号/取消自动信号）。

（4）按下【执行】按钮，如果输入的信息正确，则设置/取消信号机的模式。如果输入的信息有误，则弹出相应的提示信息。

六、实验结果分析要求

（1）分析各种信号机工作模式设置和取消的条件。
（2）分析三种终端模式的优缺点。

七、思考题

（1）终端模式有哪几种？在有三种终端模式选择的前提下，为何优先选择默认模式3？

（2）信号机工作模式有哪几种？各自有什么特点？设置时需要考虑什么联锁条件？

（3）自动信号设置后，为什么该信号机不能作为进路始端？若有需要，该信号机能否作为进路终端？

第六节 实验三：进路设置控制实验

一、实验目的与实验要求

1. 实验目的

通过实验让学生更好地理解城市轨道交通运营组织中进路、道岔、信号之间相互联锁制约关系，具备进路办理的实际操作能力。

2. 实验要求

（1）熟悉进路、联锁的概念、计算机表示。

（2）掌握进路的排列过程。

（3）理解进路排列检查的条件。

二、实验设备

ATC 仿真系统、电脑。

三、实验原理

1. 进路、敌对进路

进路是指列车或调车车列在站内运行时所经由的路径。

（1）进路办理操作阶段。

1）选路阶段（根据已确定的进路范围，选出与进路有关的道岔、股道、敌对信号、防护进路的信号机的状态）。

2）进路判断（进路是否处于空闲、进路中的道岔位置是否正确并锁闭、是否没有敌对进路等）。

3）道岔转换阶段（将选出的道岔转换到进路所需位置）。

4）进路锁闭阶段（道岔转换完后，将道岔、轨道区段、敌对信号锁闭）。

（2）敌对进路。

敌对进路指在联锁范围内的固定进路，如果不能以道岔的位置分开敌对关系的都是敌对进路［一般情况下敌对进路定义为：同一到发线上对向的列车进路与列车进路以及列车进路与调车进路；同一站场或车站两端线路的出入口区域（道岔密集点）对向或顺向的重叠的列车进路、调车以及列车进路与调车进路］。

2. 联锁

（1）联锁是指进路、道岔和信号机之间存在某种相互制约的关系。

（2）联锁的作用：联锁关系实际上是一种技术保障的条件和措施，使用联锁的目的是保证列车运行，调车作业的安全，提高运行的效率。

（3）联锁关系。

1）进路不对或者敌对信号机没有关闭，有关信号机就不能开放。

2）进路上的信号机一旦开放，进路就被锁闭，进路上有关道岔不能被扳动，敌对信号机就不能开放。

3）当进路上有停留列车（车辆）时，列车进路就无法开放，包括不能扳动道岔和开放防护信号机的进行信号。

3. 信号机的显示

（1）正线信号机的显示。

1）红色：停车，ATP 速度为 0km/h。

2）绿色：前方道岔直股开通，按 ATP 速度命令运行。

3）月白色：前方道岔弯股开通，按 ATP 速度命令运行，一般限速 30km/h。

4）红色+月白闪光：引导信号，准许列车在该信号机前方不停车，以不超过 20km/h 的速度越过该信号机继续运行，但需准备随时停车。仅对防护站台的信号机设置引导信号。

（2）站场信号机的显示。

1）红色：禁止越过该信号机进行调车作业。

2）白色：准许越过该信号机进行调车作业。

调车信号机的说明：调车信号机显示一个白色灯光，一般是指该架信号机所显示的调车进路的有关前方道岔处于开通状态。它与调车作业所应达到或需要的进路是有所区别的，也就是说调车信号机所显示的路径有可能是需要作业的路径，也有可能是错误的路径。因此需要认真确认进路方向，道岔位置及信号显示。

4. 反向进路

（1）办理的条件。

1）接车站有权改变区间方向（在接车站排列一条与区间方向有关的进路）。

2）反向进路的联锁条件除了正向进路的联锁条件之外，还要检查接车站与邻近集中站的所有区间空闲。

3）在征得中央调度员同意之后才可以办理反向进路。

（2）办理后的现象。

如果反向进路能够排列，则进路中的道岔转到进路所要求的位置，进路光带点亮，防护进路的信号机开放。新发车站（原接车站）的区间闭塞箭头表示灯点绿灯（锁闭），新接车站（原发车站）接区间闭塞箭头表示灯点绿灯。

四、预习要求

城市轨道交通进路排列以及联锁的有关知识。

五、实验内容和实验过程

1. 操作（办理一条进路）

在"信号控制命令窗口"中，按下【控制进路】按钮，则下拉"控制进路命令窗口"。

在"控制进路命令窗口"中，选中【设置进路】单选按钮。

设置："始端信号机"是进路的入口信号机，点击鼠标左键进行选择；"终端信号机"是进路的出口信号机，可以通过点击鼠标右键选择，这样相应的信号机名称会显示在数据栏中，另外操作员也可以通过下拉菜单选择出口信号机。

按下【执行】按钮，命令发送到联锁机中。若输入的进路名称正确，并且联锁条件满足，进路能够建立，站场图中该进路的光带点亮绿光带，信号开放，与区间闭塞方向有关的进路，区间闭塞，闭塞箭头点亮绿灯。

取消：要取消进路需要在输入栏中输入入口信号机，也可以在站场图上点击正确的入口信号机；如果没有列车压上接近区段，进路将被立即取消；若有车在接近区段，将90秒延时解锁。

2. 注意事项

（1）输入的始端、终端信号机错误（所输入的信号机确定的进路名称不存在），则进路不能排列，并给出错误信息提示。

（2）如果联锁条件不满足，进路不能排列，并给出相应的不满足的联锁条件信息提示。

（3）正常排列进路需检查进路中的轨道区段（无岔/道岔区段、侵限轨道区段、接车股道）空闲、敌对信号、道岔位置等。

（4）站台按下紧急关闭按钮时，与该站台相关的进路不能排列。

（5）信号机灯丝断丝时，以该信号为防护信号的进路无法排列。

六、实验结果分析要求

（1）分析进路办理的各种联锁条件。

（2）讨论分析进路、道岔以及信号机三者之间的关系。

七、思考题

（1）进路与联锁的含义是什么？

（2）进路办理有哪几个过程？哪个或哪些过程是值班员操作的？

（3）防护进路的信号机的显示通常有哪几种？含义分别是什么？

第七节　实验四：进路解锁控制实验

一、实验目的与实验要求

1. 实验目的

通过实验让学生更好地理解进路解锁的条件和使用范围，同时提高学生对进路解锁的实际操作能力。

2. 实验要求

（1）掌握正常解锁、取消进路方法。

（2）掌握人工延时解锁、区段故障解锁的操作。

二、实验设备

ATC 仿真系统、电脑。

三、实验原理

1. 进路解锁的方法

（1）正常解锁。

（2）取消进路。

（3）人工延时解锁。

（4）区段故障解锁。

2．人工取消进路场合

（1）信号开放后，列车还未占用其接近区段时，称此时进路所处的锁闭状态为预先锁闭。解除预先锁闭方法为取消进路。

（2）排列进路，信号开放后，想要人工取消进路，这时若接近区段空闲，同时该进路不是引导进路，也不是反向进路，可通过人工总取消进路的方式取消进路。

（3）取消进路时，如果防护进路的信号工作模式为自动或者连续通过，则信号机工作模式同时也取消。

3．人工延时解锁的使用情况

（1）信号开放后，列车占用其接近区段时，为防止在人工解锁进路时，列车冲入信号机内方而造成行车事故，采用人工延时解锁的方法进行解锁进路。

（2）正常进路的接近区段有车占用或引导进路或反向进路，如果想要取消进路，则需用人工延时解锁取消进路。

4．进路正常解锁的方式

（1）逐段解锁。

（2）一次性解锁。

5．区段故障解锁的使用情况

（1）当列车通过道岔区段后，道岔区段因故不能解锁。

（2）由于设备停电而引起锁闭，或者由于更换继电器等原因造成锁闭。

四、预习要求

（1）城市轨道交通进路解锁的有关知识。

（2）城市轨道交通行车组织的相关知识。

五、实验内容和实验过程

1. 人工取消进路

（1）选择某个集中站，控制模式转换为站控。

（2）在控制进路的任务界面中，选中"取消进路"单选按钮。

（3）在输入框中输入进路的始端信号机名。

（4）按下"执行"按钮，命令发送到联锁机中。进路的防护信号机关闭，进路光带熄灭，进路解锁，与区间闭塞方向有关的进路，若区间所有区段空闲，区间闭塞解锁，闭塞箭头点亮黄灯。若按下"取消"按钮，则回到起始窗口。

2. 延时解锁的办理

对于正常进路的接近区段有车占用或引导进路或反向进路，执行【人工取消进路】操作后，信号马上关闭，但进路延时解锁。

3. 故障解锁

（1）漏解锁设置。

1）在 ATS 中的控制命令区的"故障模拟—信号故障—进路解锁故障"的任务界面中设置进路解锁故障。

2）当有列车通过该进路后，防护进路的信号机关闭，但进路中的区段不解锁，进路光带不熄灭。

（2）解锁操作。

1）切换到相应的集中站，控制模式转换为站控。

2）在控制进路的任务界面中，选中"故障解锁"单选按钮。

3）在两个输入框中顺序输入解锁故障的进路的始端信号机和终端信号机名。

4）按下"执行"按钮，进路中的区段解锁，进路光带熄灭。

六、实验结果分析要求

（1）根据进路解锁有关原理进行相关进路的解锁，分析其解锁的方法。

（2）分析不同进路解锁方法的特点和使用范围。

七、思考题

（1）进路解锁方式有哪几种？分别用于什么情况？

（2）什么叫作三点检查？

第八节 实验五：道岔控制与操作实验

一、实验目的与实验要求

1. 实验目的

通过实验更好地理解关于道岔的基本概念和理论，同时提高学生道岔的锁闭与解锁等实际操作能力，为以后行车工作打下基础。

2. 实验要求

（1）熟悉道岔的组成与位置。

（2）掌握道岔的单操操作、定位、反位等操作。

二、实验设备

ATC 仿真系统、电脑。

三、实验原理

1. 道岔的位置以及道岔的状态

（1）道岔的位置：定位（道岔应规定经常保持向某一线路开通位置，这个位置称为定位）；反位（向另一方向既非定位开通的位置称为反位）；四开（道岔既不处于定位也不处于反位而处于中间位）。

（2）道岔的状态：锁闭、解锁。

2. 道岔单操操作的使用情况

（1）当试验道岔是否完好时，可通过单操操作进行测试。

（2）当办理引导进路时，需将引导进路中能正常工作的道岔单独操纵到进路所需要的相应的位置。

（3）当办理引导总锁闭（锁闭当前所辖区域所有接车进路的道岔）时，需要将能正常工作的道岔单独操纵到相应位置。

3. 道岔不能单操的情况

（1）道岔不能向已处于的原有位置单操：如果某道岔已处于定位，不允许进行该道岔的单操定位；如果某道岔已处于反位，不允许进行该道岔的单操反位。

（2）进路锁闭、轨道区段有车占用、道岔单锁、引导总锁闭时，道岔不能也不允许单操。

（3）控制模式为中控时，道岔不能单操。

4. 道岔单锁情况

（1）当进行道岔维修保养时，为防止道岔中途转换，保证人身安全，需将道岔进行单锁。

（2）非正常作业状态需要手动排列进路时，例如，"当办理引导进路时，能正常工作的道岔单操到进路所需的位置后，需将道岔进行单锁。列车原进路返回，或列车在该进路上来回频繁作业时，需将该道岔单锁"。

四、预习要求

（1）预习城市轨道交通单操、定位、反位等有关知识。
（2）复习城市轨道交通行车组织的相关知识。

五、实验内容和实验过程

1. 道岔单操（允许人工将某一道岔从当前位置操纵到定位或者反位）
（1）切换到某集中站，控制模式转为站控。
（2）在控制道岔的任务界面中，输入站名和道岔号。
（3）根据需要选择道岔定位/道岔反位单选按钮。
（4）按下"执行"按钮，如果输入的信息正确，则道岔位置转到定位或者反位。如果输入的信息不正确，则会给出相应的错误信息提示。

2. 道岔单锁与单解

（1）切换到某集中站。

（2）在控制道岔的任务界面中，输入站名和道岔号（键盘直接输入或者鼠标左键单击站场图上的道岔名称）。

（3）根据需要选择道岔单锁/道岔解锁单选按钮。

（4）按下"执行"按钮，如果输入的信息正确，则道岔锁闭在当前位置或者取消道岔单锁。如果输入的信息不正确，则会给出相应的错误信息提示。

六、实验结果分析要求

道岔在与信号、进路等设备中组成互为联锁关系时的功能、作用。

七、思考题

（1）请画出单开示意图，并标出各组成部分的名称。

（2）道岔单操用于什么情况？道岔单操需要考虑哪些联锁条件？

第九节　实验六：引导接车操作实验

一、实验目的与实验要求

1. 实验目的

通过实验让学生更好地理解引导接车、引导进路的基本概念、基本理论，同时增强与提高学生对引导接车的实际操作能力，为以后行车工作打下基础。

2. 实验要求

（1）掌握如何办理引导信号、取消引导信号。

（2）理解解锁引导信号、引导总锁闭的使用时机。

二、实验设备

ATC 仿真系统、电脑。

三、实验原理

1. 引导接车的使用

（1）进站信号机（或接车进路信号机）故障或轨道电路故障等不能正常办理接车进路时。

（2）道岔失去表示。

（3）办理非进路接车时。

2. 引导进路锁闭的使用

（1）进路信号机（或接车进路信号机）因故不能正常开放时，如允许信号灯泡断丝。

（2）接车进路上某一轨道电路区段故障不能建立正常的接车进路时。

3. 引导总锁闭的使用

（1）不是由于道岔被挤而是设备故障造成的接车进路上某道岔失去表示（继电器因故不能励磁吸起）。

（2）开通非固定接车进路（指向非接车进路或无联锁的线路上接车）。

四、预习要求

（1）什么叫作进路？进路的分类。

（2）引导进路锁闭和引导总锁闭的使用范围。

五、实验内容和实验过程

1. 引导接车

操作前提：轨道电路故障（出现红光带）。

（1）切换到需要引导接车的集中站，控制模式转为站控。

（2）根据接车进路的要求，将进路中的道岔单操到相应位置，对于包含红光带的道岔，手摇到进路所需位置并单锁。

（3）在控制进路的任务界面中，选中"引导接车"单选按钮。

（4）在输入框中输入进路的始端信号机名。

（5）按下"执行"按钮，引导信号开放，引导进路光带点亮（故障的轨道区段仍点红光带）引导表示灯亮红白灯（若道岔位置不正确，则无法建立引导进路，将给出错误信息提示）。

2. 引导进路解锁

（1）说明。

列车进入信号机内方，引导信号自动关闭。列车出清进路，进路仍处于锁闭状态，进路光带继续点亮。

（2）操作。

1）在控制进路的任务界面中，选中"取消引导"单选按钮。

2）在输入框中输入进路的始端信号机名。

3）按下"执行"按钮，则引导进路解锁，进路光带熄灭。

六、实验结果分析要求

（1）分析引导进路与一般进路的区别。

（2）轨道电路故障时如何办理引导接车？

七、思考题

（1）引导接车在什么情况下使用？如何办理？

（2）如何解锁引导接车进路？

第十节　实验七：站台控制操作实验

一、实验目的与实验要求

1. 实验目的

通过实验，能够了解站台控制子菜单下的扣车、显示停站时间、运营等级、停站终止、设置停站时间等一系列操作。

2. 实验要求

（1）了解站台控制的含义。

（2）了解站台控制等一系列操作。

二、实验设备

ATC 仿真系统、电脑。

三、实验原理

站台控制的内涵与原理

（1）扣车说明。

（2）显示停站时间。

（3）运行等级。

（4）停站终止。

（5）设置停站时间。

四、预习要求

（1）自动信号和通过信号的区别与联系。

（2）列车折返与终端模式的选择。

五、实验内容与实验要求

1. 扣车

（1）单个站台扣车。

1）按下【扣车】按钮，则下拉出扣车命令窗口。

2）选择【单个站台】单选按钮。

3）输入需要扣车的站台及站名。

4）选择扣车方向。

5）按下【执行】按钮。

（2）上行线/下行线所有站台扣车。

1）选择【所有站台】单选按钮。

2）选择扣车的线路。

3）选择扣车的方向。

4）按下【执行】按钮。

2. 显示停站时间

（1）按下【显示停站时间】按钮，则下拉出显示停站时间命令窗口。

（2）在“显示停站时间命令窗口”中，输入站台和站名。

（3）按下【执行】按钮。

3. 运行等级

（1）按下【运行等级】按钮，则下拉出运行等级命令窗口。

（2）在“运行等级命令窗口”中，输入站台和站名。

（3）选择欲设的运行等级。

（4）按下【执行】按钮。

4. 停站终止

（1）单个站台停站终止。

1）按下【停站终止】按钮，则下拉停站终止命令窗口。

2）在“停站终止命令窗口”中选择【单个站台】单选按钮。

3）输入站名和站台。

4）选择催发方向。

5）按下【执行】按钮。

（2）下行线/上行线所有站台停站终止。

1）打开停站终止命令窗口，选择【所有站台】单选按钮。

2）选择线路（单击【下行线】/【上行线】单选按钮）。

3）按下【执行】按钮。

5. 设置停站时间

（1）按下【设置停站时间】按钮，则下拉出如设置停站时间命令窗口。

（2）在“设置停站时间命令窗口”中，输入站名和站台。

（3）选择设置停站时间的类型。

（4）按下【执行】按钮。

六、实验分析结果要求

（1）分析反向扣车以及全线扣车的原理与操作。

（2）分析如何取消对列车的扣车状态。

七、实验思考与讨论题

（1）运行等级如何设置？运行等级 3 和运行等级 2 有什么区别？

（2）简述停站时间的设置的具体操作，具体说明系统的取值范围。

第十一节　实验八：列车描述操作实验

一、实验目的与实验要求

1. 实验目的

通过实验让学生熟悉 ATC 系统的列车描述子菜单下的车次号定义、车次号更名、车次号移动、车次号删除、列车内容显示、控制轨道、ATP 切除功能按钮操作与功能。

2. 实验要求

（1）熟悉中心 ATS 列车描述中的人机界面。

（2）熟知车次号定义、车次号更名、车次号移动、车次号删除、列车内容显示、控制轨道、ATP 切除等操作过程。

二、实验原理

列车描述的内涵与定义：

（1）车次号定义。

（2）车次号更名。

（3）车次号移动。

（4）车次号删除。

（5）列车内容显示。

（6）控制轨道。

（7）ATP 切除。

三、预习要求

（1）控制中心、车站以及车辆段主要有哪些信号设备？

（2）城市轨道交通列车的基本概念知识。

四、实验内容和实验过程

1. 车次号定义

（1）按下【车次号定义】按钮，下拉出车次号定义命令窗口。

（2）输入需要定义车次号所在的目标车次窗号及车次窗所在车站的站名。

（3）通过键盘输入定义车次号的运行号及目的地号。

（4）按下【执行】按钮。

2. 车次号更名

（1）按下【车次号更名】按钮，下拉出车次号更名命令窗口。

（2）在命令窗口中输入需要修改的旧车次号。

（3）键盘输入新的运行号和目的地号。

（4）按下【执行】按钮，发送命令。

3. 车次号移动

（1）按下【车次号移动】按钮，下拉出车次号移动命令窗口。

（2）在命令窗口中输入需要移动的车次号。

（3）输入目标车次窗及站名。

（4）按下【执行】按钮，发送命令。

4. 车次号删除

（1）按下【车次号删除】按钮，下拉出车次号删除命令窗口。

（2）在车次号删除命令窗口中输入需要删除的列车运行号。

（3）按下【执行】按钮，发送命令。

5. 列车内容显示

（1）按下【列车内容显示】按钮，下拉出列车内容显示命令窗口。

（2）在列车内容显示命令窗口中输入运行号。

（3）按下【执行】按钮，发送命令。

6. 控制轨道

（1）按下【控制轨道】按钮，下拉出控制轨道命令窗口。

（2）在控制轨道命令窗口中输入需要忽略的轨道区段及所在车站站名。

（3）选择激活或者失效单选按钮。

（4）按下【执行】按钮，发送命令。

7. ATP 切除

（1）按下【ATP 切除】按钮，下拉 ATP 切除命令窗口。

（2）在 ATP 切除命令窗口中输入需要修改的列车车次号。

（3）选择【ATP 切除】或者【ATP 恢复】单选按钮。

（4）按下【执行】按钮，发送命令。

五、实验结果分析要求

（1）请写出给某列列车定义车次号为 30156 的过程以及 ATS 操作界面上具体变化。

（2）分析将 30156 列车车次号移动到另一节轨道电路上的过程以及 ATS 操作界面上具体变化。

六、思考题

（1）怎样对切除 ATP 的车辆进行添加、取消表示符号？

（2）写出对于 30156 次列车的删除车次号、更改目的地码为 01、更改列车车次号为 302 的操作过程。

第三章　基于通信的列车自动监控系统仿真实验

第一节　城市轨道交通列车自动监控系统简介

随着城市规模的扩大以及人们出行的需要，基于通信的列车运行控制系统（Communication Based Train Control，CBTC）发展迅速。CBTC 系统是指通过无线通信方式来确定列车位置和实现车—地双向实时通信，自动控制列车运行的信号系统。列车上的车载控制器（OBCU，或称 VOBC）通过探测轨道上的应答器，确定列车绝对位置；同时利用列车本身自动测量、计算自前一个探测到的应答器已行驶的距离，确定列车的相对位置。列车车载控制器通过列车与轨旁设备的双向无线通信，向轨旁 CBTC 设备报告本列车的精确位置。轨旁 CBTC 设备根据各列车的当前位置、运行方向、速度等要素，同时考虑列车运行进路、道岔状态、线路限速以及其他障碍物的条件，向所管辖的列车发送"移动授权极限"，即向列车传送运行的距离、最高的运行速度，从而保证列车间的安全间隔距离。

CBTC 的突出优点是可以实现车—地之间的双向通信，并且传输信息量大，传输速度快，很容易实现移动自动闭塞系统，大大减少电缆敷设的间隔，减少一次性投资和日常维护工作，可以大大提高间隔的容量，灵活组织双向运行和单向连续发车，易于适应不同的速度、不同的体积、不同类型的牵引列车运行控制等。在 CBTC 中不仅可以实现列车运行控制，而且可以综合运行管理，因为双向通信系统，既可以有安全类信息双向传输，也可以双向传输非安全类信息，如车次号、乘务员班组号、车辆号、运转时分、机车状态、油耗参数等大量机车、工务、电务等有关信息。

CBTC 信号系统是一个复杂的系统，它主要由以下几个部分组成：列车自动监控子系统（Automatic Train Supervision，ATS）、区域控制器（Zone Controller，ZC）、数据存储单元（Data Storage Unit，DSU）、联锁系统（Computer Based Inter-locking，CBI）、车载控制器（On-board Control Unit，OBCU）、数据通信系统（Data Communications System，DCS）和轨旁设备（应答器、信号机、道岔、计轴等）。具体如图 3-1 所示。

ATS 系统部署在控制中心、设备集中站和车辆段，是整个系统的实时监控系统，属于整个系统的大脑中枢，主要负责监视和控制信号设备、列车位置追踪、人工或自动排列进路和时刻表编辑等功能。同时，能够提供用户管理、报警管理、调度员培训和服务质量分析及生成报告等辅助功能。

车载控制器 OBCU 主要包括列车自动防护系统（ATP）和列车自动驾驶系统（ATO）。车载 ATP 子系统主要负责列车的测速定位、超速防护、监督移动授权、监督运行方向、监督列车完整性、站台管理、发车授权和紧急制动等功能。车载 ATO 子系统主要负责列车的自动驾驶、精确停车、运营调整、站台门和车门联动控制等功能。

区域控制器 ZC 是 CBTC 系统中的关键设备，也是移动闭塞与固定闭塞最主要的区别。ZC 部署在轨旁设备集中站，主要负责列车管理、列车位置追踪、列车移动授权计算等功能。

计算机联锁 CBI 系统是保证车站内列车和调车作业安全，提高车站通过能力的一种信号设备。主要负责控制和监督轨旁信号设备、进路管理、列车的安全间隔防护等功能。它能够独立于 OBCU 和 ZC 运行，CBI 系统最主要的功能是能够在移动闭塞功能受限时提供后备模式运行，即司机可依靠轨旁信号行车。CBI 还可在 CBTC 系统功能部分受限时根据控制轨旁动态信标的状态实现系统点式 ATP 的防护功能。

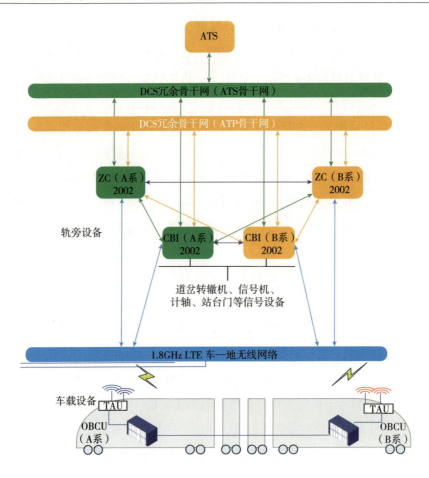

图 3-1　CBTC 系统组成

数据通信系统 DCS 部署在控制中心、设备集中站和车辆段，是由提供端到端数据安全防护的轨旁有线通信网络和车—地无线通信网络两大部分组成的实时宽带数据通信系统，其主要作用是为信号系统的中央、轨旁和车载各个控制子系统之间构筑安全、可靠、实时透明的信息传输平台。

数据存储单元 DSU 是车载线路数据库的存储区域，线路数据库离线编辑并经过编码存入 DSU 中，而数据传输系统 DCS 则与 OBCU 建立通信并且进行数据的校验工作，以确保数据的安全性与实时性。

本实验课程所涉及的平台基于上海 7 号线进行列车运行模拟仿真。上海 7 号线起点站美兰湖站，终点站花木路站，共有 33 站，8 个控区。仿真 CBTC 系统由仿真联锁子系统、仿真区域控制器、仿真车载控制器等组成，具体见图 3-2 仿真系统构架。仿真联锁子系统是纯软件，替代真实的 CBTC 联锁子系统，实现一条地铁线路中各集中站的联锁功能。仿真区域控制器是纯软件，替代真实的 CBTC 区域控制器，实现一条地铁线路中各区域的区域控制功能。仿真车载控制器是纯软件，替代真实的 CBTC 车载控制器，实现一条地铁线路中各列车（至少 40 列列车）的车载控制功能。

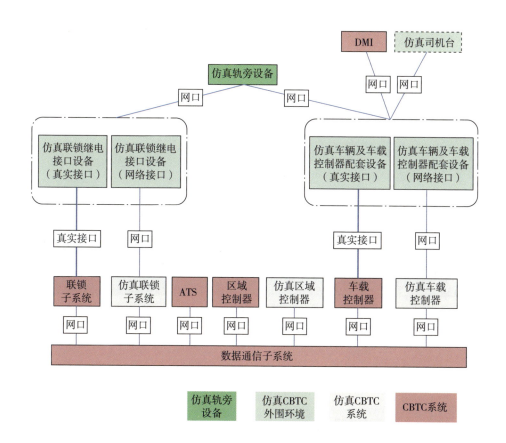

图 3-2　仿真系统构架

第二节　城市轨道交通列车自动监控系统图标说明

一、界面组成

ATS 共有 6 种窗口可供使用，分别为线路总览、时刻表、报警、系统、用户授权、性能工具（见图 3-3）。中央调度员可以使用位于工具栏中的窗口选择图标来切换窗口。这些图标都显示在图 3-4 中，并且在所有窗口中可见。

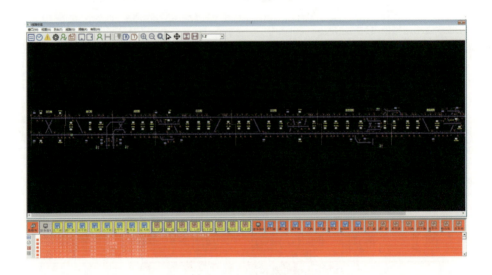

图 3-3　ATS 仿真软件界面

1. 窗口/时刻表通用图标

所有的 ATS 窗口都可提供某些信息。该信息既可以显示在位于窗口顶部附近的工具栏中，也可以显示在位于窗口地步附近的状态栏中。工具栏包括表 3-1 所有 ATS 都通用的图标。

图 3-4　窗口选择图标

表 3-1　工具栏中的通用图标

图标	外形	描述
登录/注销		点击该按钮可以登录 ATS 系统；如果你已经登录该系统了，点击该按钮则会注销
系统扣车		点击该按钮可以命令列车扣留在站台上。如果已经设置了系统扣车，则点击该按钮可以释放扣车功能。释放扣车功能需要确认
切分窗口		根据选定的图标，使窗口水平分隔或垂直切分。最多可以切分成 4 个屏

2. 设备连接状态栏

位于报警状态栏之上的设备连接状态栏，提供有关区域控制器、SRS、CBI 和工作站连接的状态，表 3-2 列出了各种图标。

表 3-2　系统状态指示器

图标	外形	描述
区域控制器状态	MLH	与区域控制器的所有链路都未激活
区域控制器状态	MLH	与区域控制器的所有链路都已激活

续表

图标	外形	描述
区域控制器状态	MLH	与区域控制器的一个链路已激活
CBI 状态	MLH	与联锁的所有链路已激活
CBI 状态	MLH	与联锁的所有链路未激活
CBI 状态	MLH	与联锁的一个链路已激活
模式状态	MLH	CBTC 模式（无边框）
模式状态	MLH	后备模式（蓝边框）
模式状态	MLH	备用模式（橙边框）
模式状态	MLH	未知模式（灰边框）
ATS 服务器状态	SRS2	ATS 服务器出现故障
ATS 服务器状态	SRS2	ATS 服务器备用
ATS 服务器状态	SRS1	ATS 服务器激活
ATS 数据库状态	DL	ATS 数据服务器连接正常

续表

图标	外形	描述
ATS 数据库状态	DL	ATS 数据服务器连接失败

3. 报警状态栏

位于通用状态栏之上的报警状态栏，提供有关高等级报警和命令报警的数据。表 3-3 列出了工具栏上的按钮。

表 3-3   工具栏中的图标

图标	外形	描述
拆分列表	⊞	点击该按钮拆分当前列表为两个左右并列的两个列表，两个列表所占空间相同
关闭	⊗	点击该按钮关闭当前列表的显示
确认所有报警	✓	点击该按钮确认当前列表中的所有报警
显示高等级报警	▤	点击该按钮在当前列表中显示高等级报警
显示命令报警	▤	点击该按钮在当前列表中显示命令报警

4. 工具栏图标

显示在工具栏中的图标用于在"线路总览"窗口中移动以及改变显示。表 3-4 提供了线路总览菜单中可用的图标的描述。

表 3-4   线路总览图标

图标	描述
	点击该图标可以获取各区域控制权
Ⓑ	点击图标显示或隐藏区段标签

续表

图标	描述
	点击图标显示或隐藏轨道标签
	缩放功能可以通过选择几个缩放图标中的一个来访问。一旦选择了缩放以后，指针图标的外形会发生改变，分别用带有"+"号或"−"号的鼠标来表示
	矩形图标实现对所选矩形区域的满屏放大
	"选择"图标工具是"线路总览"的默认指针图标。它用于访问直接对象操纵命令，如设置进路。它是标准的 Windows 鼠标指针
	平移指针用于"抓住"线路概览窗口中的某一点，并进行上滚、下滚、左滚或右滚
	点击该按钮线路总览图将在垂直方向上完全显示
	点击该按钮线路总览图将在水平方向上完全显示
1.2	线路总览图在屏幕上的缩放比例，可以通过下拉框或键盘输入来选择缩放比例

5. 时刻表图标

有些时刻表命令可以使用点击菜单条上的一个图标的方式使用。表 3-5、表 3-6 提供了时刻表菜单中可用的图标的描述。

表 3-5　时刻表图标

图标	描述
	点击显示可用时刻表图标显示当前可用时刻表
	时刻表详细图形图标以图形方式显示一个分配的时刻表的详细信息
	在线时刻表图标显示需要修改的时刻表信息

续表

图标	描述
▦	点击时刻表详细列表图标显示一个分配的时刻表的详细信息
◳	进入/退出列表图标显示对于一个分配的时刻表的所有进入和退出的列车

表 3-6　时刻表详细图形图标

图标	描述
▤	点击显示/隐藏班次列表
↔	增加时间分割
→←	减少时间分割
⊕	放大时刻表视图
⊖	缩小时刻表视图
2.0	显示缩放等级
1 ▼	显示当前选择的时刻表班次

二、站场图符号及显示含义

表 3-7　站场图相关图形图标

Select/Zoom 选择/缩放							
选择	放大	缩小	缩放等级	缩放矩形区域	高度适屏	宽度适屏	拖动站场图

Status Icons 状态图标							
与 ZC 的所有链路正常	与 ZC 的一个链路正常	与 ZC 的所有链路故障	与 CBI 的所有链路正常	与 CBI 的一个链路正常	与 CBI 的所有链路故障	后备模式(蓝边框)	备用模式(橙边框)
未知模式(灰边框)	数据库服务器启用	数据库服务器故障	服务器启用	服务器备用	服务器故障	无用户 无用户	c 工作站已连接

System Hold/Stop 系统扣车/停车	
系统扣车	

Authority 权限	
登录/注销	获取控制权

Tracks 轨道		
取消轨道封锁	设置轨道封锁	轨道临时限速

Routes 进路				
自动释放进路	人工释放进路	受控列车移动授权（CTA）	人工列车移动授权（MTA）	取消的列车移动授权

Blocks 区段			
空闲区段	占用区段	受扰区段	未清扫 UIO

Switches 道岔			
道岔	受扰道岔	区段锁闭道岔	单锁道岔

Signals 信号机					
允许信号	允许信号，反位速度	信号机状态未知	禁止信号	引导信号	接近锁闭	信号机绿机故障

续表

Platforms 站台							
	开放站台	关闭站台	站台扣车	ESD 激活的站台	虚拟站台	站台跳停	系统扣车	人工设置当前停站时间

屏蔽门打开　　　屏蔽门旁路

Platform Labels 站台标签					
	本地控制员控制	其他控制员控制	无控制	当前工作站控制，控制权通过紧急转权获得	当前工作站无控制，其他控制站紧急控制

Control Labels 站控标签						
	中央控制	本地控制	无控制	控制状态未知	当前信号模式为后备模式	当前信号模式为 CBTC 模式

Entry Portal 进入点			
	进入点未激活	进入点已激活	进入点被禁止

Exit Portal 退出点			
	退出点未激活	退出点已激活	退出点处于错误态

Trains 列车						
	限制人工向前列车	限制人工向后列车	点式 ATP 列车	人工 ATP 列车	自动列车	Off 模式列车	NRM 模式列车

	DTB 模式列车	列车 EB	列车扣车	列车等待	非通信列车	ATP 切除列车

Train Label 列车标签							
	无指派列车	有线路指派的列车	有班次指派的正点列车	有班次指派的早到列车	有班次指派的晚点列车	非通信列车	等间隔调整中的列车

第三节　城市轨道交通列车自动监控系统仿真实验要求

一、实验一

（1）实验名称：系统模式切换实验。

（2）实验属性：验证。

（3）实验内容：

1）掌握系统启动方法。

2）熟练掌握系统模式切换。

（4）实验要求：

1）了解普及 CBTC 的相关知识，掌握系统启动的相关内容。

2）掌握初始化 CBTC 模式的方法；掌握系统模式切换的方法。

（5）重点难点：

1）本实验重点：掌握了解关键的相关功能，识别系统的图标显示。掌握模式切换的操作。

2）本实验难点：如何从备用状态，进入系统的 CBTC 以及后备运行状态的操作。

二、实验二

（1）实验名称：时刻表编辑器操作实验。

（2）实验属性：综合。

（3）实验内容：

1）熟悉掌握新建时刻表，编辑运营时刻表，并保存、修改、打印时刻表的操作。

2）掌握创建大小交路班次、修改停站时间、调整区间运行等级的操作。

（4）实验要求：

1）掌握新建时刻表和编辑运营时刻表的方法，学会保存自己创建的时刻表，掌握修改和打印时刻表的方法。

2）掌握新建时刻表，编辑大小交路班次的方法。

3）掌握修改停站时间、调整区间运行等级的方法。

（5）重点难点：

1）本实验重点：如何新建时刻表，创建大小交路班次，增加、调整班次，并保存、修订。

2）本实验难点：新建时刻表的编辑、调整。

三、实验三

（1）实验名称：在线时刻表操作实验。

（2）实验属性：综合。

（3）实验内容：

1）熟悉掌握在新建的时刻表上增加、调整班次，在班次上修改停站时间，断开班次的操作。

2）选择在线时刻表已有的时刻表信息激活，并分配到相应班次。

（4）实验要求：

1）掌握增加、调整、断开班次的方法。

2）掌握修改停站时间的方法。

3）掌握激活时刻表，分配班次的方法。

（5）重点难点：

1）本实验重点：如何对在线时刻表进行编辑、调整等。

2）本实验难点：在线时刻表的编辑、调整。

四、实验四

（1）实验名称：系统主备切换设置与操作实验。

（2）实验属性：综合。

（3）实验内容：

1）切换列车主备服务器，检查班次运行情况。

2）SRS 服务故障，检查系统运行情况。

（4）实验要求：

1）掌握切换列车主备服务器的方法。

2）掌握切换 SRS 主备状态检查。

（5）重点难点：

1）本实验重点：如何切换列车主备服务器，检查班次运行情况。

2）本实验难点：切换列车主备服务器的方法。

五、实验五

（1）实验名称：列车运行调整设置实验。

（2）实验属性：综合。

（3）实验内容：

1）掌握激活时刻表，为列车排列运行班次，进行跳停、扣车、催发车等操作。

2）掌握对部分轨道设置临时限速。

（4）实验要求：

1）掌握如何激活时刻表；掌握如何为列车排列班次运行。

2）掌握如何在站台对班次列车进行跳停、扣车、催发车等操作来实现多车追踪。

3）掌握对部分轨道设置临时限速。

（5）重点难点：

1）本实验重点：如何激活时刻表，安排运行线，进行列车线路操作，轨道的临时限速。

2）本实验难点：多车追踪过程中的列车、站台、轨道的相应操作。

六、实验六

（1）实验名称：ATS 回放操作实验。

（2）实验属性：综合。

（3）实验内容：

1）熟悉掌握切换开启回放功能，检查系统的过去运行状态。

2）整合课程内容，进行列车运行调整系列操作，同时录制运行数据。

（4）实验要求：

1）掌握回放客户端、回放服务器的功能以及使用方法。

2）掌握课程所涉及的时刻表编辑、列车运行调整等操作命令。

（5）重点难点：

1）本实验重点：ATS 回放功能的建立和使用，历史状态的调用。

2）本实验难点：如何整合前序实验的内容，系统综合操作。

第四节　实验一：系统模式切换实验

一、实验目的与实验要求

1. 实验目的

通过实验使学生掌握初始化 CBTC 模式，并进行系统模式切换，学会从 CBTC 模式切换到后备模式。

2. 实验要求

（1）掌握初始化 CBTC 模式的方法。

（2）掌握系统模式切换的方法（从 CBTC 模式切换到后备模式）。

二、实验设备

ATS 仿真系统、电脑。

三、实验原理

1. 运行模式

系统可在两种模式下运行：基于无线通信的列车控制（CBTC）系统及后备

模式。

CBTC 系统是信号系统技术最前沿的移动闭塞制式，是指利用高精度的列车定位（不依赖于轨道电路），双向连续、大容量的车—地数据通信，车载、地面的安全功能处理器实现的一种连续自动列车控制系统。

在 CBTC 系统工作过程中，车、地之间应保持实时双向通信，无论什么原因引起的通信的中断，造成车、地之间数据传输的失效，都只能采用降级的后备模式。后备模式可以被认为是列车以联锁自动站间闭塞和简单超速防护的方式运行的模式，也可以被称为降级运行模式。CBTC 的后备系统是完全不依赖于车—地通信的列车控制系统。在 CBTC 模式下，列车以移动闭塞方式运行，而在后备模式下，列车以双红灯防护的固定闭塞方式运行。

实际运营中，若发生以下情况，需将 CBTC 系统降级到后备模式。

（1）CBTC 设备故障，包括：

1）轨旁 ATP 设备故障，无法计算移动授权。

2）轨旁数据通信系统故障，无法建立车与地实时的信息交互。

3）车载数据通信系统故障，无法建立车与地实时的信息交互。

4）车载 ATP 故障。

（2）线路运营初期，在 CBTC 未调试开通的情况下，作为临时过渡列车运行控制方法。

（3）CBTC 未装备信号系统的列车运行时，如工程车、试验车等。

在 CBTC 模式下，ZC 接收来自 ATS 的进路请求，然后沿着 ATS 请求的进路，以列车报告的位置起始为列车计算 LMA（移动授权限制）。LMA 将限制到 ATS 进路上的最近障碍物，或如果没有障碍物，将到最大距离（离线建立的），确保只有必要的轨道和设备为列车预留。如果列车的 ATS 进路与道岔交叠，ZC 会请求执行通过联锁区域的联锁进路；当联锁报告要求的进路已授权后，ZC 才延伸 LMA 通过该进路。当 ZC 确定受控列车的移动授权能够通过信号机时，ZC 将给联锁发送旁路信号命令，由 ZC 设置信号机为允许显示（在固定闭塞原理下，该信号机通常是限制显示）。ZC 知道其控区内所有列车的准确位置，并通过系统确定何时可以安全地延伸列车的移动授权，从而旁路移动授权内的信号机。列车在控制模式下运行（ATO、ATPM）并用 LMA 建立其停车位置，应用移动闭塞运行。

在后备模式下，ZC 不运作，ATS 发送进路请求给联锁，联锁基于固定闭塞原则建立进路及开放信号，列车根据联锁建立的进路来行驶。

2. 分级管控

ATS 子系统包括中心控制和本地控制两种级别。

在正常运营时，ATS 子系统主要采用中心控制，根据列车运行时刻表对全线列车进行集中监控，授权的行调人员也可在控制中心相应的 ATS 调度工作站上人工设置控制命令到相应的子系统，对运营实施控制；操作员必须登录工作站获得使用工作站功能的权限。在登录时，登录用户名/密码决定了本工作站的可使用功能。在工作站上输入按职责权限分类的系统操作人员的登录口令，实现操作人员登记进入和登记退出。同时，中心操作员登录后必须选择其期望的控制区域，才能对该控制区域的设备进行控制操作，同一时间只允许一个工作站对同一目标实施控制。这一授权管理，确保了 ATS 工作站输出命令的可靠性和唯一性，避免两个功能相同的工作站同时进行操作和控制，确保控制命令能唯一、有效地执行。

在本地控制状态下，车站操作员通过设备集中站 ATS 工作站发送控制命令到相应的子系统，对运营实施控制。在设备集中站和 ATS 控制中心通信正常的情况下，由车站操作员和中心调度员办理授、受权手续后完成中央控制和本地控制的转换。控制权的转换过程中及转换后，未经人工介入各进路的原自动控制模式不变。

四、预习要求

（1）CBTC 模式的定义。

（2）后备模式的定义。

五、实验内容和实验过程

1. 进入系统

在桌面上双击"ATS 仿真软件"启动快捷键，等待"ATS 仿真软件"启动完成（见图 3-5）。ATS 仿真软件启动完成之后，出现如上"线路总览"窗口。

此时界面显示了所有站台。

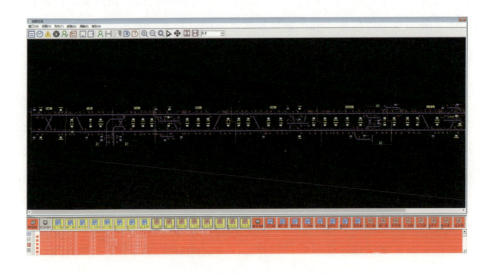

图 3-5　ATS 仿真软件界面

2. CBTC 模式初始化

（1）启动 ATS 仿真软件。

（2）通过两种方法放大界面，将当前界面放大到 3.0。

1）方法 1：点击【适高】按钮，放大界面，显示部分线路。

2）方法 2：点击【修改窗口放大比例】下拉键，选择放大比例。

（3）登录账户。

1）点击【登录】按钮，系统弹出【登录】对话框。

2）在【登录】对话框中输入用户账号和密码，均为 c。

3）点击【登录】按钮。

（4）请求区域控制。

1）点击【请求控制区域】按钮，系统将弹出"申请区域控制权"对话框。

2）在"申请区域控制权"对话框中，依次点击【全选】→【确定】按钮。

（5）初始化 CBTC 模式。

1）在"线路总览"窗口，找到站台【美兰湖站】，右击站台，依次点击

【CBTC 模式】→【初始化】菜单项，系统将弹出"初始化 CBTC 模式"对话框。

2）在"初始化 CBTC 模式"对话框中，选择初始化 CBTC 模式区域，点击【应用】按钮。点击【应用】按钮后，选定区域的 CBTC 模式过程会显示"等待确认或取消"（注意：当 CBTC 模式许可为允许时，说明该区域还未初始化；当 CBTC 模式许可为禁止时，代表已经完成初始化）。

3）初始化结束后，返回"线路总览"窗口，找到站台，右击站台依次点击【CBTC 模式】→【确认/取消】菜单项，对初始化信息进行确认。

4）在"确认 CBTC 模式"对话框中，依次点击【确认】→【应用】按钮，即完成初始化 CBTC 模式的操作（注意：等待确认时间不超过 15 秒）。

5）以同样的方式进行所需的区域 CBTC 模式初始化。完成初始化 CBTC 模式之后，线路呈现红色。

（6）初始化取消轨道封锁。

1）在"线路总览"界面上，任取一段轨道，右击轨道，依次点击【轨道】→【取消轨道封锁】→【初始化】菜单项，系统将弹出"初始化取消轨道封锁"对话框。

2）在"初始化取消轨道封锁"对话框中，初始化取消轨道封锁的区域，点击【应用】按钮。点击【应用】按钮后，选定区域的"取消轨道封锁过程"，显示为"等待确认或取消"。

3）返回"线路总览"窗口，右击轨道，依次点击【轨道】→【取消轨道封锁】→【确认】菜单项，系统将弹出"确认取消轨道封锁"对话框。

4）在"确定取消轨道封锁"对话框中，全选（注意如果全选 Ctrl+A，部分选 Shift+A）等待确认取消封锁的区域，依次点击【确认】→【应用】按钮，即完成初始化取消轨道封锁的操作。完成初始化取消轨道封锁的界面轨道颜色由红色变为蓝色。

（7）初始化取消单锁。选择线路上单锁的道岔，如图 3-6 所示，依循以上轨道解封的操作步骤，进行取消道岔单锁的命令。完成初始化取消道岔单锁后，ATS 系统处于 CBTC 模式，可进行相应的列车运行仿真模拟操作。

图3-6 取消道岔单锁示意图

（8）自动化后备模式。

1）在"线路总览"界面上，右击站台，依次点击【后备模式】→【初始化】菜单项，系统将弹出"初始化后备模式"对话框。

2）在"初始化后备模式"对话框中（见图3-7），选择初始化区域，点击【应用】按钮（注意：当后备模式许可为允许时，说明该区域还未初始化，当后备模式许可为禁止时，说明该区域已经完成初始化操作）。

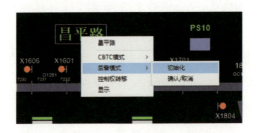

图3-7 后备模式初始化示意图

3）依次点击【后备模式】→【确认】菜单项，系统将弹出"确认后备模式"对话框。在"确认后备模式"对话框中，点击【确认】按钮，即完成初始化后备模式的操作（注意：等待确认时间不超过15秒）。

（9）初始化取消区段封锁＆取消道岔单锁。

1）在"线路总览"窗口上，任取一段区段，右击区段，依次点击【区段】→【取消区段封锁】→【初始化】菜单项，系统将弹出"初始化取消区段封锁"对话框。

2）参照初始化CBTC模式下，取消轨道封锁的方式，进行取消区段封锁操作。

3）参照初始化 CBTC 模式下，取消道岔单锁的方式，进行取消道岔单锁操作。系统模式切换完成，相应的控区也从 CBTC 模式切换到后备模式。

六、实验结果分析要求

（1）请解释为何会出现如下情况，如何解决？

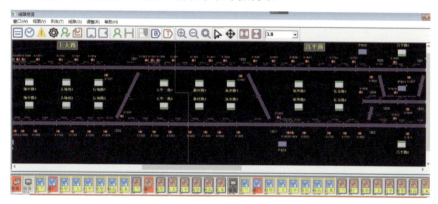

（2）请解释为何会出现如下情况，如何解决？在进行该操作时，有哪些注意事项？

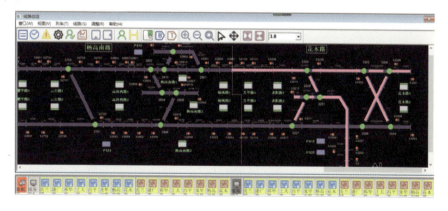

七、思考题

（1）什么是 CBTC 模式，什么是后备模式，有什么区别？

（2）CBTC 模式下列车最高的运行等级是什么级别？自动驾驶的级别分为哪些级别？请详细介绍各等级，SHL7、SHL15 分别是什么等级？

（3）请简单描述各快捷键代表的意思或模拟的功能。

　　1.TS_Sim
　　2.CDIO_IF_Sim_Net_IF
　　3.CBI_Start
　　4.ZC_Start
　　5.server1
　　6.server2
　　8.workstation_cs
　　9.duoche_Train_Sim
　　11.时刻表编辑器
　　12.PLAYBACK_SERVER
　　13.PLAYBACK_CS

（4）SHL7 共有几个分区，分别有哪几个集中站？怎么区分集中站和非集中站？

第五节　实验二：时刻表编辑器操作实验

一、实验目的与实验要求

1. 实验目的

（1）通过实验使学生了解中央时刻表编辑器的基本操作，能做到使用时刻表编辑器编制运营计划。

（2）通过实验学习使用时刻表编辑器编辑大小交路班次，包含班次、运行线、停站时间、区间运行等级等操作。

2. 实验要求

（1）掌握新建时刻表和编辑运营时刻表的方法，学会保存自己创建的时刻表，掌握修改和打印时刻表的方法。

（2）掌握新建时刻表，编辑大小交路班次的方法。

（3）掌握修改停站时间、调整区间运行等级的方法。

二、实验设备

ATS 仿真系统、电脑。

三、实验原理

列车运行图是运用坐标原理来表示列车运行的一种图解形式。在运行图上可以清楚地看出列车在各站到、发、通过及停站的时间，也能看出列车在区间的运行时分。在列车运行图上，各横线为站名线，相当于各个车站到发线中心位置。纵坐标表示距离（s），横坐标表示时间（t），用竖直线划分时间等分，称为时分线。

列车运行图中，斜线为列车运行线，就是列车重心点移动的轨迹。斜线的斜率，即与列车速度成比例。所以斜率越陡，表示列车运行速度越高。在运行线上要填写列车车次，上斜线代表上行列车，填写列车车次为双数，下斜线代表下行列车，填写列车车次为单数。因列车种类不同，列车运行要使用各种不同的颜色和代表符号。斜线在水平线上的投影就是列车在区间的运行时分。它与机车类型、牵引重量线路平面、纵断面情况、区间的行车闭塞等因素有关。所以同一区间客、货列车运行的时分是不同的，上下行列车运行时分也不一样，一般经过牵引计算或试运转确定。列车运行线与站名线交点，即为列车到达、出发或通过该车站的时刻，也就是列车时刻表上的时刻。

列车运行图定义了在整个运营日内正常运行条件下列车的运营计划。系统提供了在数据库内近百种基本时刻表/运行图的空间。用户可根据需要，任选其一当作日运行图。操作人员可用列车运行图编辑工具以在线或离线的方式管理时刻表/运行图。

时刻表编辑器提供了离线管理时刻表的功能，即通过一个有图形用户界面的时刻表/运行图编辑工具，建立和修改基本时刻表/运行图。新建或编辑离线时刻表时，需选择不同的运行线生成班次。一条运行线就是一系列停止点之间的路径，列车在运营中需要沿此路径运行。运行线的执行通过进路请求、使用和释放的连续过程来实现。它们可以是也可以不是环形。进路则是指在两个停车点之间设置其中所有道岔（如果有）形成的路径；通常包括一个或数个区段。ATS 向

ZC 请求分配的进路以完成运行。ATS 操作员也可以使用其他方法控制个别列车以完成所需的运营，例如，运行线路分配或进路分配。

四、预习要求

（1）时刻表、运行线、大小交路的定义。

（2）班次、编组的定义。

（3）运行等级的定义。

五、实验内容和实验过程

1. 新建时刻表

（1）在桌面上，双击时刻表编辑器启动快捷方式，等待时刻表编辑器启动完成。"时刻表编辑器"启动完成，出现"时刻表系统"界面（见图 3-8）。

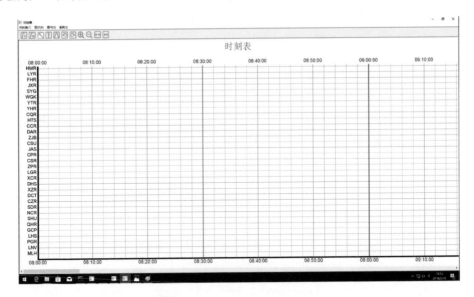

图 3-8　时刻表编辑器系统界面

（2）依次点击【时刻表】→【新建】菜单项，系统将弹出【新建时刻表】对话框。

（3）在对话框中，输入时刻表名称、时刻表开始时间、时刻表结束时间。点击【确定】按钮，即完成新建时刻表的操作（注意：时刻表的名称不能为空；

开始时间和结束时间之间的时间间隔不能超过 48 小时）。

（4）点击【班次】→【添加】菜单项，调出班次创建对话框，创建一个班次。

（5）如图 3-9 所示，对话框中可以修改每一站的停站时间和运行时间，点击【确定】，完成班次创建。

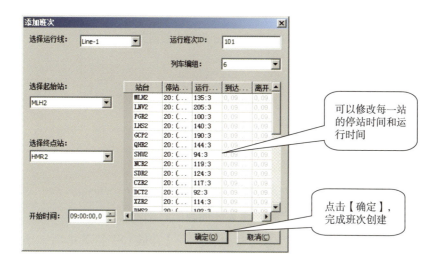

图 3-9　班次创建对话框

以下是班次创建对话框中，各个输入控件的详细描述：

1）选择运行线：用于创建班次段的运行线，运行线确定了班次的运行轨迹。

2）选择起始站：班次起始站。

3）选择终点站：班次终点站。

4）开始时间：班次开始时间。

5）运行班次 ID：班次的 ID 编号。

6）列车编组：适用于该班次的列车编组。

7）班次段列表：自动创建的班次段列。

（6）双击班次曲线，选中班次（选中的班次，曲线的显示变为蓝色粗体）。

（7）点击【班次】→【复制】，调出班次平铺对话框，输入班次平铺的时间间隔和重复次数，点击"确定"平铺班次。

（8）然后保存时刻表（具体步骤详见下一节）。

2. 保存时刻表

（1）点击【时刻表】→【保存】菜单项，保存时刻表。点击之后，会出现确认对话框（见图 3-10），点击【是】，保存并生成时刻表进入时刻表启动器所在文件夹，确认时刻表生成文件。

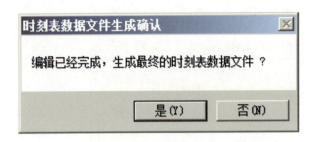

图 3-10　确认对话框

edit_NewSchedule.xml 是时刻表编辑用文件。

esp_NewSchedule.xml 是时刻表描述文件，sched_NewSchedule.xml 是时刻表数据文件。这两个文件是 ATS 服务器实际加载的时刻表文件。

（2）保存成 CSV 文件。点击【时刻表】→【存成 CSV】菜单项，导出时刻表为 CSV 格式文件。进入时刻表启动器所在文件夹，确认 CSV 文件。

travtime.csv 存储了站间旅行时间，dwell.csv 存储了车站停站时间。sched_NewSchedule.csv 存储了时刻表数据。

3. 上传时刻表

点击【时刻表】→【上传】菜单项，上传编辑完成的时刻表到 ATS 服务器。

4. 打印时刻表

（1）启动时刻表编辑器，打开时刻表编辑文件。

（2）点击【时刻表】→【打印】→【预览】菜单项，查看打印预览界面。

（3）点击打印预览工具栏【下一页】按钮，查看下一页。

（4）点击打印预览工具栏【前一页】按钮，查看前一页。

（5）点击打印预览工具栏【两页】按钮，切换成两页模式查看。

（6）点击打印预览工具栏【放大】和【缩小】按钮，查看放大/缩小。

（7）点击打印预览工具栏【打印】按钮，调出打印对话框（见图 3-11）。

（8）确认打印结果。

图 3-11　打印对话框

以下是打印对话框中，各个输入控件的详细描述：

1）打印设置：调出系统标准打印设置对话框。

2）打印范围：需要打印的时间段，可以分别设置开始时间和结束时间。

3）复制份数：复制的文件份数。

4）打印内容：打印中包含的内容。

5. 编辑时刻表

（1）在桌面上，双击时刻表编辑器启动快捷方式，等待时刻表编辑器启动完成。

（2）点击【时刻表】→【打开】菜单项，调出文件选择对话框，打开待编辑时刻表（注意：在文件选择对话框中，必须选择以 edit_ 开头的时刻表编辑文件）。

（3）双击选中一个班次。

（4）点击工具栏上的【删除班次】按钮，删除班次（见图 3-12）。

（5）单击选中班次上一段（选中的段，显示变为暗红色粗体）。

（6）点击工具栏上的【断开班次】按钮，断开这个班次（见图 3-13）。

（7）点击工具栏上的【连接班次模式】按钮，进入连接班次模式（见图 3-14）。

（8）单击选中之前被断开班次的尾段；单击后一班次的头段，完成班次连接操作（注意：在连接班次模式下，被选中待连接的班次显示变为黑色粗体）。

（9）点击工具栏上的【选择模式】按钮，退出连接班次模式，回到选择模式（见图 3-15）。

图 3-12 【删除班次】按钮

图 3-13 【断开班次】按钮

图 3-14 【连接班次模式】按钮

图 3-15 【选择模式】按钮

（10）双击选中一个班次，点击【班次】→【修改】菜单项，调出班次编辑对话框。在班次对话框中可以修改每一站的停站时间和旅行时间，运行等级。点击【确定】，完成班次修改。

（11）保存时刻表，上传时刻表到 ATS 服务器。

以下是班次修改对话框中（见图 3-16），各个输入控件的详细描述：

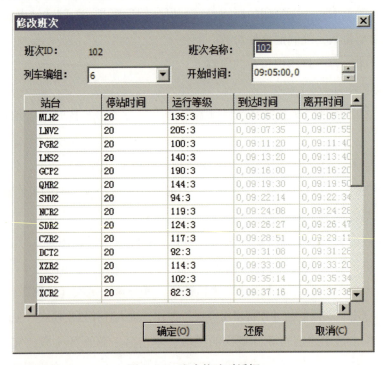

图 3-16 班次修改对话框

1）班次名称：班次的显示标签。

2）列车编组：班次要求的列车编组。

3）开始时间：班次的开始时间。

4）班次段列表：自动创建的班次段列表。

6. 创建大小交路班次

启动"时刻表编辑器"并新建时刻表。

（1）创建大交路班次。

大交路指全程折返的交路。

1）依次点击【班次】→【添加】菜单项，系统将弹出"添加班次"对话框（见图3-17）。

2）如图3-17所示，在每个编辑框中，选择所要添加班次的信息。

3）选择完所要添加班次的信息后，点击【确定】按钮，完成添加大交路班次操作。

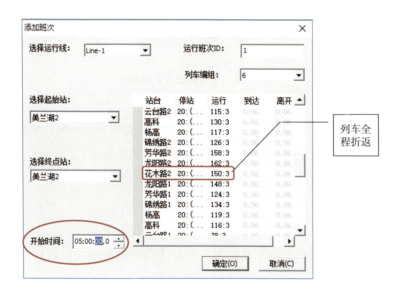

图3-17　"添加班次"对话框

以下是"添加班次"对话框中，各个输入控件的详细描述：

1）选择运行线。用于创建班次的运行线，运行线确定了班次的运行轨迹。

此处选择 Line1（从起始站【美兰湖站】到达折返站【花木路站】再折返到【美兰湖站】，全程折返属于大交路）。

2）选择起始站。班次起始站【美兰湖站】。

3）选择终点站。班次终点站（因为是交路，所要经过此处的终点站是列车折返后最终到达的站台，为【美兰湖站】）。

4）开始时间。班次开始时间。

5）运行班次 ID。班次的 ID 编号。

6）列车编组。适用于该班次的列车编组。

7）班次段列表。自动创建的班次段列表。

（2）创建小交路班次。小交路指部分折返的交路。

1）如图 3-18 所示，在"时刻表"界面的工具栏中，点击【添加班次】按钮，系统将调出"添加班次"对话框。

图 3-18　【添加班次】按钮

2）如图 3-19 所示，在"添加班次"对话框中：选择 Line6（列车从【美兰湖站】出发，到达【昌平路站】，然后折返回到【美兰湖站】）。

3）在编辑框中选择所要添加的小交路的相应信息，新增一个小交路班次。

4）点击【确定】按钮，完成创建小交路班次操作。

（3）连接班次。

1）在"时刻表"界面的工具栏中，点击【连接班次模式】按钮，进入连接班次模式。

2）如图 3-20 所示，单击班次 1 终点和班次 2 起点，将两个班次连接起来形成大小交路班次。连成后的大小交路班次，如图 3-21 所示。大小交路班次连接完成。

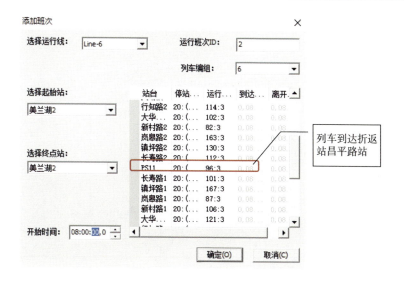

图 3-19　【添加班次】对话框

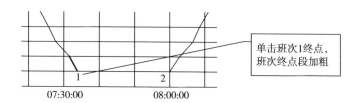

图 3-20　连接交路 1

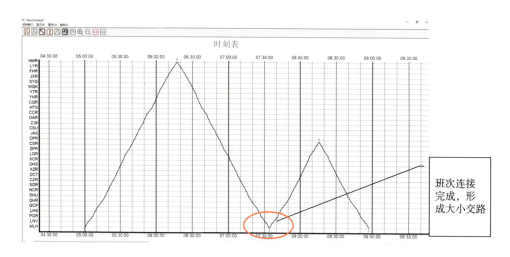

图 3-21　连接交路 2

3）按照同样的方式，再加一个从美兰湖到杨高南路的小交路班次。最终的大小交路班次图如图 3-22 所示。

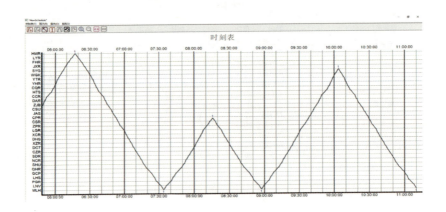

图 3-22　大小交路界面

7. 修改停站时间

（1）在"时刻表"界面的工具栏中，点击【选择模式】按钮，进入选择模式（见图 3-23）。

（2）单击班次曲线，在班次曲线上出现两个绿色圆点。

（3）点击右边绿色圆点，向右拖动，延长停站时间。

图 3-23　【选择模式】按钮

8. 调整区间运行等级

（1）返回"线路总览"窗口，找到列车图标，右击列车图标，依次点击【设置】→【运行等级】菜单项，系统将弹出【设置运行等级】对话框。

（2）在【设置运行等级】对话框中，选择所需要的运行等级，点击【应用】→【关闭】按钮，即完成设置运行等级操作。

六、实验结果分析要求

（1）分析时刻表创建和修改的原则。

（2）分析断开班次和连接班次的原则。

（3）分析编辑大小交路班次的原则。

（4）分析修改列车停站时间和调整区间运行等级的原则。

七、思考题

（1）如何创建一条混合班次？如何断开班次、如何连接班次？

（2）如何修改时刻表中某一个班次的列车停站时间数据、列车区间运行数据？

第六节　实验三：在线时刻表操作实验

一、实验目的与实验要求

1. 实验目的

通过实验使学生了解时刻表编辑器的一些功能操作，能够运用时刻表编辑器对班次进行临时调整和加开。

2. 实验要求

（1）掌握增加、调整、断开班次的方法。

（2）掌握修改停站时间的方法。

（3）掌握激活时刻表、分配班次的方法。

二、实验设备

ATS 仿真系统、电脑。

三、实验原理

时刻表是由至少一个班次或者多个班次的集合。时刻表主要包含列车运行时分数据、列车运行间隔数据、列车折返计划等。

班次是由至少一条或者多条运行线组成的。运行班次是一组或更多组的运行线，而且时间是和列车在每个站台的到达和离开紧密相连的。混合班次是指并非由单一的运行组成的，而是至少由两条或者两条以上的运行组成的，混合班次由于由多条运行线组成，所以在运行的区间上与普通的班次有所区别。

根据时刻表控制时，列车在每天开始运行的时候或当服务级别发生改变（自动班次分配的一部分）的时候被分派一个运行班次。一个运行班次中列车拥有一条或多条相关联的运行线以及该运行线上每个车站的到达和发车时间。ATS 向 ZC 请求分配的进路以完成运行。

ATS 使用时刻表选择命令来分配一个已经选择的运行时刻表。当时刻表已经生效或已经在处理当中时，ATS 会拒绝时刻表分配命令。ATS 提供了清除当前时刻表的工具，当时刻表清除以后，列车保持它们各自当前分配的运行线。为列车分配一个新的列车时刻表无须停车。

只有分配了调度计划后，ATS 才会支持班次分配。班次分配具有两种类型：自动和人工。在列车出发过程中会进行计划班次自动分配。列车基于到达时间在部署点自动获得班次分配。另一种方法是人工班次分配，ATS 提供值班员人工分配列车可用班次的工具。如果列车处于被分配班次线路的站台内，则 ATS 将根据请求分配班次并且启动列车的计划停站时间。如果分配了班次的列车正驶向该班次运行线的一个站台，当该车到达时，ATS 将自动分配这个班次给它并且启动计划停站时间。

四、预习要求

（1）时刻表的定义。
（2）班次的定义。

五、实验内容和实验过程

（1）启动 ATS 仿真软件。

（2）登录账户。

（3）激活时刻表。

1）激活操作。

①在"线路总览"界面的工具栏中，点击【时刻表】按钮（见图3-24），即调出"在线时刻表"界面。

②在"在线时刻表"界面上，选中适合的时刻表，然后依次点击【时刻表】→【分配】菜单项，系统将弹出"列车自动监督系统"对话框。

③在"列车自动监督系统"对话框中，点击【是】按钮，即完成激活时刻表的操作。

图3-24　【时刻表】按钮

2）分配班次。

①进入ATS工作主界面，右击列车，依次点击【分配到】→【班次】菜单项，系统将弹出"分配班次"对话框。

②在"分配班次"对话框中（见图3-25），选择所需分配的班次，依次点击【应用】→【关闭】按钮，即完成在当前激活时刻表给列车分配班次的操作。

图3-25　分配班次

（4）在线时刻表编辑。

在"在线时刻表"窗口的工具栏中，点击【在线时刻表编辑】按钮（见图3-26），即调出在线时刻表界面。

图 3-26 【在线时刻表编辑】按钮

（5）新增班次。

1）新增班次。

①在"在线时刻表"界面的工具栏中，点击【添加班次】按钮（见图
3-27），系统将弹出【添加班次】对话框。

②在"添加班次"对话框中，选择班次信息，创建一个班次。

③点击【确定】按钮，即完成新增班次的操作。

图 3-27 【添加班次（新增班次）】按钮

2）通过复制方式新增班次。

①在"在线时刻表"界面的工具栏中，点击【班次】中选择【复制】。

②根据需要选择复制班次的间隔和数量。

③确认后，系统根据选择的班次进行复制，班次号根据默认增加。

3）通过新增方式新增班次。

①点击【新增班次】按钮，再添加班次窗口。

②根据临时调整的需要，选择运行线，以及起始站台和终点站台，以及起始
站台的开始时间，确认增加班次。

③完成班次的增加，也可以通过界面选中班次后，前后拖放等方式来调整班
次的起始时间。

4）通过连接方式延长班次的时间。

①复制或新建的班次，通过拖动的方式，调整到位置，便于连接班次。

②通过工具栏，选择连接班次模式。通过选择需要复制班次的尾部和头部，

进行班次的连接。

③连接后，班次号统一为前面班次的班次后。

（6）调整班次。

1）如图 3-28 所示，原四个班次（班次 1、班次 2、班次 3、班次 4）和新增班次（班次 5）。

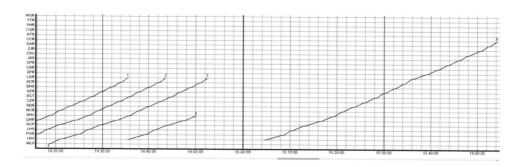

图 3-28　原四个班次和新增班次

2）双击班次 5 曲线，选中班次 5，选中的班次 5 曲线变为蓝色粗体。任意左右移动班次 5，可以调整班次 5 的时间段。如图 3-29 所示，将班次 5 向左移动。

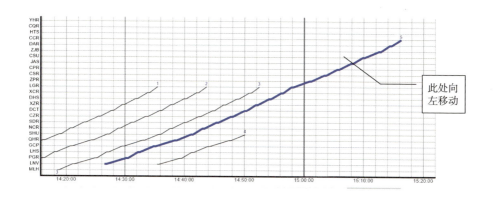

图 3-29　班次 5 向左移动

（7）修改停站时间。

1）创建一个班次。

2）单击班次曲线，选中班次曲线中的一段区间，被选中的一段上有两个绿色的点。

3）将右边的绿色点向右拉，两个绿点之间距离变大，停站时间被延长。

（8）断开班次。

1）创建一个班次。

2）单击班次曲线，选中班次曲线中的一段（见图3-30）。

3）在"在线时刻表"界面的工具栏中，点击【断开班次】按钮。班次被断开（见图3-31）。

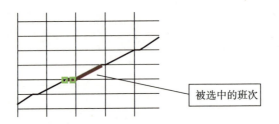

图 3-30　被选中的班次

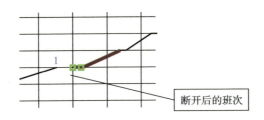

图 3-31　断开后的班次

六、实验结果分析要求

（1）在线时刻表和离线时刻表在时刻表编辑以及应用上有何不同？

（2）分析修改停站时间和断开班次的原则。

七、思考题

（1）时刻表编辑器的数据如何才能生效？如何才能让列车按照时刻表运行？

（2）如何调整班次、断开班次、修改停站时间？

第七节　实验四：系统主备切换设置与操作实验

一、实验目的与实验要求

1. 实验目的

通过实验使学生学会通过 ATS 客户端观察主备运行状态，通过 ATS 客户端手动切换到备用 ATS 服务器，观察列车主备服务器切换之后，列车所发生的变化，检查班次运行情况。

2. 实验要求

（1）掌握切换列车主备服务器的方法。

（2）掌握切换 SRS 主备状态检查。

二、实验设备

ATS 仿真系统、电脑。

三、实验原理

中央 ATS 配置了两个 SRS 服务器，双机热备模式。两台硬件一致的 ATS 服务器运行相同的 ATS 服务器软件。

SRS 服务器是 ATS 子系统的数据处理中枢，其作用为：获得全线车站、临时停车场以及外部系统的数据，将站场图显示、告警、列车状态等各种信息发往各 ATS 工作站和表示屏显示；根据实际列车运行情况、列车运行计划，生成各种自动调度和自动调整命令，并传送到计算机联锁、ATO 和发车计时器等执行；处理调度人员、维护人员、临时停车场派班人员的各种操作请求，并发送到相关系统执行；保存系统日常运行的各种数据，供各种事后分析和回放；负责实现与无线、时钟、广播、综合监控、PIS、TCC 系统等外部系统发送相应的信息。

两台并行工作的 ATS 服务器的一台处于激活状态，执行程序的运行工作；另一台执行热备功能。热备服务器不输出或发指令。当主用 SRS 服务器故障时，备用 SRS 服务器自动变为主用服务器，对系统运营没有任何影响。在 ATS 界面会提示故障报警信息。

两台 ATS 服务器之间通过以太网建立 UDP 心跳连接，相互监控对方的状态；激活 ATS 服务器在运行中发生状态变化，同步数据到备用服务器；当备用 ATS 服务器通过心跳连接检测到先前激活 ATS 服务器故障，备用 ATS 服务器转换为激活服务器来保持系统得以正常运行。备用 ATS 服务器检测到主用 ATS 服务器故障后，备用 ATS 服务器切换为主用 ATS 服务器来继续保持系统的正常运行。

ATS 中心服务器的主备机切换时间不大于 10 秒。

四、预习要求

（1）主用服务器的定义。

（2）备用服务器的定义。

五、实验内容与实验要求

1. ATS 主备切换

（1）登录 ATS 客户端、登录账户。进入 ATS 客户端的 CBTC 模式（具体请见实验一）。步骤如下：登录账户、请求区域控制、初始化 CBTC 模式、初始化取消轨道封锁、初始化取消单锁。

（2）激活时刻表。

（3）了解系统界面。在"在线时刻表"工具栏中，点击【系统】按钮（见图 3-32），即调出"系统"界面。

图 3-32 【系统】按钮

在该界面（见图 3-33），可以看出此刻 SRS1 服务器是激活状态，SRS2 服务器是备用状态。同时，我们可以通过界面下端的信息指示栏（见图 3-34、图 3-35）识别出两个服务器，服务器 1（SRS1）和服务器 2（SRS2）的工作状态。其中浅灰色的服务器 1 代表当前服务器处于激活状态，是主用服务器；深灰色的服务器 2 代表该服务器处于备用状态。

图 3-33　系统界面中的子系统

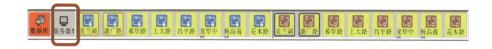

图 3-34　信息指示栏 1

图 3-35　信息指示栏 2

（4）切换主备服务器。

1）在"线路总览"窗口的菜单栏中，依次点击【操作】→【主备机切换】菜单项，系统将弹出【切换服务器】对话框。

2）在【切换服务器】对话框中，将 SRS2 切换为主用服务器，依次点击【应用】→【关闭】按钮，即完成主备服务器切换。

3）切换完成后的主备服务器，如图 3-36、图 3-37 所示。

图 3-36　服务器 1 切换为备用服务器

图 3-37　服务器 2 切换为主用服务器

（5）为列车排列班次运行。

1）在桌面启动列车仿真软件快捷键，等待软件启动完成。列车仿真软件启动完成之后的界面如图 3-38 所示。

图 3-38　列车仿真界面

2）右击列车 图标，依次点击【分配到】→【运行线】菜单项，系统将弹出【分配运行线】对话框。

3）在【分配运行线】对话框中，选择此次列车的运行线"LINE 6 美兰湖—昌平路"，依次点击【应用】→【关闭】按钮。

4）然后再右击列车 图标，依次点击【分配到】→【班次】菜单项，系统将弹出【分配班次】对话框。

5）在【分配班次】对话框中，选择"班次1"，依次点击【应用】→【关闭】按钮，即完成为列车分配班次的操作。

6）如图3-39所示，以同样的方式为其余列车分配班次。

图 3-39　列车班次运行

（6）为已排列班次的列车切换主备服务器。

1）在"线路总览"窗口的工具栏中，点击【系统】按钮，即显示"系统"界面。

2）在"系统"界面上，依次点击【操作】→【主备机切换】菜单项，系统将弹出"切换服务器"对话框。

3）在"切换服务器"对话框中，选择服务器2为主服务器，依次点击【应用】→【关闭】按钮，即完成切换服务器的操作。

4）主备服务器切换完成之后，线路总览窗口如图3-40所示。检查班次运行情况，发现列车正常运行。

图 3-40　主备服务器切换后列车班次运行

2. SRS 故障模拟

（1）登录 ATS 客户端。进入 ATS 客户端的 CBTC 模式（具体请见实验一）。

步骤如下：登录账户、请求区域控制、初始化 CBTC 模式、初始化取消轨道封锁、初始化取消单锁。

（2）激活时刻表。

（3）通过后台界面直接关闭主用 SRS 服务，模拟 SRS 主用故障。SRS1 为主用服务，显示 Active = 1。SRS2 为备用服务，显示 Active = 0。

（4）通过后台直接关闭 SRS1 应用，模拟 SRS 主用故障。切换前 ATS 客户端显示 SRS01 为主用服务，SRS02 为备用服务，在 ATS 主备切换实验中所设置的列车运行情况下，列车正常运行。模拟 SRS1 故障后，SRS2 自动接管，升级为主用服务，状态变更为 Active = 1。通过客户端查看，SRS1 服务连接故障，与之相关的 CBI 和 ZC 也是故障，SRS2 接管为主用服务。列车仍然按照原定设置正常运行，不受影响。

六、实验分析结果要求

分析切换主备服务器的原则。

七、实验思考与讨论题

（1）如何通过 ATS 客户端手动切换到备用 ATS 服务器？
（2）如何恢复备用状态的 SRS1 为主用服务？

第八节　实验五：列车运行调整设置实验

一、实验目的与实验要求

1. 实验目的

（1）通过实验使学生了解什么是多车追踪，并使学生学会运用 ATS 仿真操作软件实现多车追踪。

（2）通过实验使学生学会通过 ATS 主界面激活时刻表，为列车排列班次运行，并在站台对班次列车进行跳停、扣停、催发车等操作来控制班次列车的间隔和运行时间的调整。

（3）通过实验使学生学会如何对设置轨道临时限速，使列车在通过特定轨道区域时，限速运行。

2. 实验要求

（1）掌握如何为列车排列班次运行；掌握如何在站台对班次列车进行跳停、扣车、催发车等操作。

（2）掌握"跳停""催发车"等操作来实现多车追踪。

（3）熟练操作为列车排列班次；掌握对部分轨道设置临时限速。

二、实验设备

ATS 仿真系统、电脑。

三、实验原理

1. 基于 CBTC 模式的列车追踪原理

当轨旁、中央、车载和通信子系统所有列车控制子系统都完备并且工作时，CBTC 系统处于 CBTC 模式控制级别，具有完整的系统操作和性能，提供全功能的车载 ATP/ATO 功能，采用移动闭塞方式进行安全列车间隔和保护。在 CBTC 模式下，系统对列车追踪原理，处理流程为：

（1）车载控制器 OBCU 主动进行列车的测速和定位，通过接收轨旁信标信息获取轨道数据，配合车载测速电机计算列车当前位置，并将该位置信息通过无线通信发送到轨旁无线设备并传输给区域控制器 ZC。

（2）区域控制器 ZC 掌握管辖区域内所有列车位置信息，接受并管理 ATS 下达的临时限速指令。ZC 根据列车位置信息以及获取的计轴区段的占用/空闲、道岔锁闭等联锁状态信息，为管辖区域内每列 CBTC 列车计算并分配移动授权，形成目标点移动的移动闭塞区间。

（3）车载控制器 OBCU 根据从 ZC 接收到的移动授权和运行前方进路锁闭状态、计轴区段、信号机等信号状态联锁信息，计算列车运行制动曲线，确保列车在任何最不利情况下不会超越目标距离和目标速度，进行列车安全运行防护。

（4）车载控制器 OBCU 同时将各列车位置信息传输给 ATS，为 ATS 进行列车运行的监控、运行调整提供依据。

在 CBTC 控制区域内，正常情况下，ATS 对列车的识别和追踪不需要人工干涉而自动进行，ATS 列车追踪功能接收车载控制器传递的列车位置，综合 ATS 调度员请求和列车自动调整请求来完成对系统内每列车的追踪和监控，在 ATS 用户界面上显示所有列车及相应列车标识的追踪位置。

在 CBTC 模式下，允许多列列车在同一计轴区段追踪运行，ATS 列车追踪能够按照列车驶入该区段的先后顺序追踪列车，当先行列车驶离该区段时，正确移动列车识别号和列车标识，维持多列车之间的正确追踪次序。同时，在折返轨或折返站台，一辆 CBTC 列车从左端进入而后进行折返作业后又向左运行，系统将根据报告的列车位置，确切地对其进行追踪。

2. 进路操作

进路操作包括按运行图或目的地自动设置进路、自动折返进路、自动通过进路以及人工进路。操作人员任何时候都可对进路进行人工设置，对某一架信号机对应的进路在同一时间只能使用自动通过进路、自动折返进路和按运行图或目的地设置的自动进路功能中的一种。

（1）按运行图或目的地自动设置进路。按运行图或目的地自动设置进路是根据列车识别号，在运行图中找到列车的计划运行路径，或者根据识别号中的目的地信息，当列车占用触发轨时由 ATS 自动设置进路。

（2）自动折返进路。自动折返进路一般用在线路的折返点。一个自动折返模式关联两条进路，一条为出折返线进路，另一条为进折返线进路。在自动折返设置之后，一旦进入折返线的进路，其触发轨道被占用而且该进路建立的联锁条件满足，由联锁自动办理该进路；在折返轨被占用之后，如果出折返线的进路其联锁条件满足，由联锁自动办理出折返线的进路。

站控时，自动折返进路的设置和取消由车站值班员操作，控制中心工作站将显示自动折返进路的设置状态；遥控时，自动折返进路的设置和取消由中心调度员操作。

（3）自动通过进路。如果设置了自动通过进路，当列车越过始端信号机后，该信号机关闭；当列车到达前，信号机由联锁重新开放。ATS 提供设置自动通过进路的操作命令。站控时，自动通过进路的设置和取消由车站值班员操作，控制中心工作站将显示自动通过进路的设置状态；遥控时，自动通过进路的设置和取消由中心调度员操作。

（4）人工进路。当处于遥控模式下，只能在控制中心调度工作站上进行人工排列进路、取消进路和信号重开的操作。当处于站控模式下，只能在设备集中站联锁现地控制工作站上进行进路办理/取消、信号重开操作。

3. 运行调整

当列车停站时，系统自动判断列车的早晚点状态，通过计算给出合理的发车时间和到下一站的区间运行时间，发送给 ATO 控制列车的区间运行等级，另外把停站时间通过每个站台的列车发车计时器传达给列车司机以便控制列车停站时间。如果列车运行状况与计划偏离在系统自动调整范围内，ATS 的自动调整功能通过在站台调整列车的停站时间和列车的区间运行等级，或只调整两者之一，来纠正偏离。

当列车实际运行图和计划运行图间发生的偏差较大或必要时，可采用以下手段调整列车运行，以使列车实际运行图尽快与计划时刻表/运行图相匹配，以便尽快恢复列车的计划运营，这些调整手段包括运行图的在线调整：运行图时间轴平移；增加或删除运行计划线；修改停站时间；修改区间的运行等级等。人工调整包括扣车、提前发车、跳停、加车、减车等。

四、预习要求

（1）跳停、扣车、催发车的定义。

（2）多车追踪的定义。

（3）临时限速的定义。

五、实验内容和实验过程

1. 列车运行调整

（1）登录 ATS 客户端。

进入 ATS 客户端的 CBTC 模式（具体请见实验一）。步骤如下：登录账户、请求区域控制、初始化 CBTC 模式、初始化取消轨道封锁、初始化取消单锁。

（2）激活时刻表。

（3）为列车排列班次运行。

（4）在站台对班次列车进行跳停。

1）选择列车将要跳停的站台，右击站台，点击【设置跳停】菜单，系统将弹出"设置站台跳停"对话框。

2）在"设置站台跳停"对话框中，依次点击【跳停】→【应用】→【关闭】按钮，即完成设置站台跳停的操作。

（5）在站台对班次列车进行扣车。

1）选择列车将要被扣车的站台，右击站台，点击【设置扣车】菜单，系统将弹出"设置站台扣车"对话框。

2）在"设置站台扣车"对话框中，依次点击【设置】→【应用】→【关闭】按钮，即完成设置站台扣车操作。

（6）在站台对班次列车进行催发车。

右击列车，依次点击【操作】→【催发车】菜单。

2. 多车追踪

（1）为列车分别排列班次（具体步骤参照实验四）。

（2）在"刘行站"和"祁华站"对列车进行跳停（具体步骤参照上一节）。

（3）在站台对"7003SD"列车进行催发车操作（具体步骤参照上一节）。

（4）在站台对列车刚设置跳停和催发车等操作后，列车的运行状况如图 3-41 所示。

图 3-41　多车追踪界面 1

（5）多辆列车运行一段时间后的多车追踪情况如图 3-42 所示。

图 3-42　多车追踪界面 2

3. 系统限速运营

（1）选择一段轨道，右击轨道，依次点击【轨道】→【设置临时限速】→【初始化】菜单项，系统将弹出"初始化设置临时限速"对话框。

（2）在"初始化设置临时限速"对话框中，选择限速值"55"（限速值可以任意修改），依次点击【应用】→【关闭】按钮。

（3）返回"线路总览"窗口，右击轨道，依次点击【轨道】→【设置临时限速】→【确认】菜单项，系统将弹出"确认设置临时限速"对话框。

（4）在"确认设置临时限速"对话框中，依次点击【确认】→【应用】→【关闭】按钮，即完成设置临时限速的操作（注意：设置轨道临时限速时，"初始化"与"确定"之间的时间间隔不能超过 15 秒）。

（5）如图 3-43 所示，列车在轨道 T103 处完成临时限速设置，列车通过T103 轨道时将限速运行。

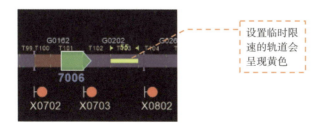

图 3-43　临时限速设置界面

六、实验结果分析要求

（1）分析跳停和扣车命令对站台、列车、运行线分别设置方法的区别以及实现功能的区别？

（2）如果班次晚点了，有哪些处理方式？分别如何操作？

（3）在列车按运行线运行时，前方轨道封锁，列车接近时会出现什么现象？如何恢复正常运行？

（4）分析多车追踪的原则。

（5）分析设置部分轨道临时限速的原则。

七、思考题

（1）如何激活时刻表？

（2）如何为列车排列班次运行？

（3）如何在站台对班次列车进行跳停、扣车和催发车等操作？

（4）如何设置系统进行限速运营；设置后轨道有什么变化，如何看到通过该限速区域的列车当前速度？如何实现对限速运营的恢复和调整？

（5）如何取消列车当前的 CBTC 进路，取消后车和进路的状态有什么变化？

第九节　实验六：ATS 回放操作实验

一、实验目的与实验要求

1. 实验目的

通过实验使学生学会通过 ATS 的回放功能，查看系统在过去的运行状态和情况。

2. 实验要求

掌握切换开启回放和正确播放回放的方法。

二、实验设备

ATS 仿真系统、电脑。

三、实验原理

回放是通过 SRS 中央主用服务器进行数据接收和存储。查看回放的时候，显示的为中央主用服务器的显示状态。通过回放可以查看回放时间的列车运行情况、轨旁设备的状态，以及其他的相关报警状态。

回放服务器是通过 SRS 服务器来接收数据，回放服务器对于 SRS 服务来说为客户端。回放故障不会对行车造成影响，但故障期间不会保存相关回放内容。

四、预习要求

（1）回放服务功能的开启。

（2）如何使用回放查看系统状态。

五、实验内容和实验过程

1. 登录 ATS 客户端

进入 ATS 客户端的 CBTC 模式（具体请见实验一）。步骤如下：登录账户、请求区域控制、初始化 CBTC 模式、初始化取消轨道封锁、初始化取消单锁。

2. 启动回放服务器

在桌面上，双击"回放客户端"快捷键，等待"回放客户端"启动完成。开始记录 ATS 客户端的运行界面。

3. ATS 客户端列车运行命令

（1）激活在线时间表已有的时刻表文件，在线编辑适合时间 3 个班次，保存。把列车分配到时刻表班次（最好有晚点、早点和正点）。为列车分配运行线。

（2）设置车站扣车，跳停，关闭车站，临时限速命令。分别用分配运行线的车、分配时刻表的车以及分配到站台的列车经过设置了这些命令的车站或轨道。

（3）在列车前行移动授权已生成的方向设置轨道封锁，观察移动授权的回撤。

4. 停止数据记录

如图 3-44 所示，关闭 PLAYBACK_SEVER 桌面，停止对于 ATS 客户端的界面录制。查看目录/data/playback，可以新发现生成 ＊.plb 文件。

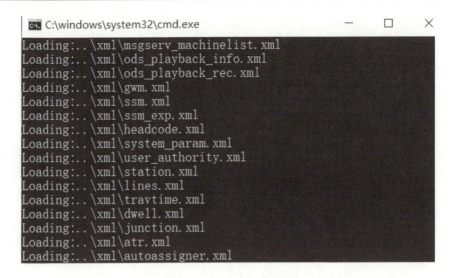

图 3-44　回放客户端界面

5. 数据回放

（1）在桌面上，双击"回放客户端"快捷键，等待"回放客户端"启动完成。如图 3-45 所示，回放客户端与 ATS 客户端控制界面类似，没有控制类命令，只有显示类命令。

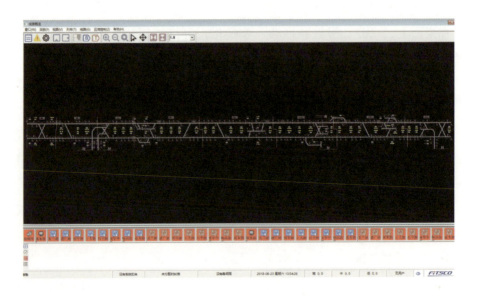

图 3-45　回放客户端界面

（2）点击【回放】选项，客户端弹出回放窗口，通过回放窗口，选择需要回放的时间开始时间点，通过后台的 playback server，每隔一小时生成一个回放文件。

（3）在回放窗口中，选择日期，以及时间文件名，可以手动调整开始时间，并向前或者后退，开始播放。

（4）开始播放后，既可以看到显示播放的时间点，也可以通过速度调节，来进行播放倍数的调整。

（5）播放开始后，可以通过点击相应的图标，来选择查看的信息，包括轨旁的状态和列车的相关信息。通过该回放窗口，回放查看实验步骤 3 "ATS 客户端列车运行命令" 所进行的 ATS 的操作过程。

六、实验结果分析要求

（1）了解回放的功能。
（2）通过回放来查看系统过去服务的状态。

七、思考题

（1）如何通过回放功能，精确查看过去时间点的系统状态？
（2）ATS 回放通过哪个服务器来进行数据接收？
（3）ATS 回放能够显示哪些内容？
（4）ATS 回放服务器故障会对行车组织产生什么影响？为什么？

第四章 非正常行车组织与应急处置实验

第一节 非正常行车组织与运营调度指挥

一、行车组织体系

1. 列车运行指挥体系

城市轨道交通运营组织工作是一个层级职责明确、岗位分工明确、作业交互紧密的复杂系统。通常，城市轨道交通列车运行指挥体系分为路网指挥层、线路控制层以及现场执行层三个层级，涉及调度员、车站值班员、列车司机、抢修作业人员等多个岗位，基本的三级架构如图4-1所示。

图 4-1 上海地铁列车运行三级指挥体系

（1）路网指挥层（COCC）。COCC 又称为城市轨道交通网络运营协调与应急指挥室，是网络的最高指挥机构。COCC 职责为负责全路网（跨线路）的运营监督、统筹管理，突发事件时路网（跨线路）运营方案的制订。在突发事件条件下，COCC 依据行车组织规程、运营调度规程等管理制度及作业规程文件，行使监督管理权限，指导控制中心 OCC 进行突发事件处置，制订运营调整方案，并向相关部门报送突发事件信息。

（2）线路控制层（OCC）。OCC 负责线路行车计划的组织实施，运营紊乱、突发事件时线路运营调整方案的制订、落实。在突发事件发生条件下，线路调度员需要依据包括行车组织规程、运营调度规程、非正常行车作业管理规定、电动列车故障救援作业管理规定以及各自线路运营调度工作细则等规章制度进行事件处置。

（3）现场执行层（车站、列车、信号楼、运转值班室）。现场执行层的人员负责行车计划的执行，在运营紊乱、突发事件时运营调整方案的执行。在事件发生的第一时间向所属线路调度员进行信息汇报，之后依据行车组织规程、非正常行车作业管理规定、电动列车故障救援作业管理规定以及站细、场细、应急预案等要求，听从调度员的指挥，协助进行突发事件的处置，执行运营调整方案。

2. 列车运行规章制度体系

城市轨道交通列车运行建立在一系列规章制度基础上，各岗位以制度、作业规则为本完成各项列车运行指挥与作业生产工作。如图 4-2 所示为列车运行组织规则类的规章制度体系框架。

（1）行车组织方法类制度文件：主要包括各层级管理、指挥及作业岗位所遵守的工作细则及管理办法，如线路、车站、车场行车管理办法，行车调度工作细则（调细）、车站行车工作细则（站细）、车场行车工作细则（场细）等。

（2）行车设备使用类制度文件：主要是列车运行相关的各类设施设备使用管理办法，包括无线通信系统、信号系统、屏蔽门系统、自动售检票系统以及 ATC 系统等行车设备。

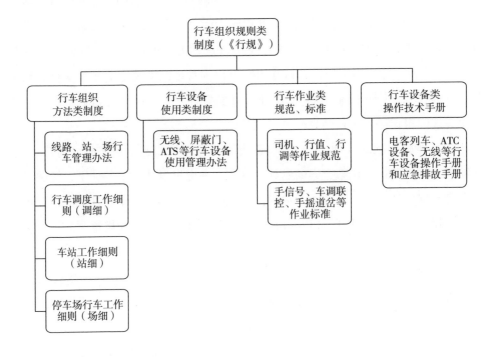

图 4-2 列车运行规章制度体系

（3）行车作业类规范、标准：主要是司机、行车值班员、调度员、运转值班员等岗位的各类作业指导书，以及手信号、车调联控、手摇道岔、电话闭塞法行车等作业管理规定及作业标准。

（4）行车设备操作类技术手册：主要是列车运行相关设施设备（如电客车、ATC 设备、无线通信设备等）的操作手册和应急排故手册等。

二、列车运行组织

1. 列车运行控制模式

城市轨道交通具有行车密度高、运营间隔小、安全运营要求高等特点。根据信号设备所能提供的运行条件，列车运行控制模式一般分为调度集中控制、调度监督下的自动运行控制和调度监督下的半自动运行控制三种方式，按照运行图规定的行车计划组织列车运行。

（1）调度集中控制条件下的列车运行控制。调度集中控制条件下的行车组织方式，在 OCC 运营调度员的统一指挥下，利用行车设备对列车的到、发、折返等作业进行人工控制及调整。调度集中控制条件下的行车组织的指挥人为运营调度员。在大多数情况下，车站不参与行车组织工作。调度集中控制应实现的功能有：

1）应具有电气集中联锁设备，实现运程控制功能，并从设备方面提供列车的运行安全保障。

2）通过控制屏或显示器可监护全线列车运行状态、信号显示、道岔位置及线路占用情况。

3）应能利用电气集中联锁设备转换道岔、排列进路、开放信号，指挥和调整列车运行。

4）应能自动或人工绘制列车实际运行图。

（2）调度监督条件下的列车自动运行控制。列车自动运行控制是世界城市轨道交通列车运行组织的主要控制方式，自动运行控制方式利用计算机技术对列车运行实行自动指挥和自动运行监护，并由本运行保护系统提高行车安全系数。在正常情况下系统根据列车运行图自动排列列车进路，列车 ATO 运行；在非正常情况下，按调度指令调整行车计划。调度监督条件下的自动运行控制可实现的功能有：

1）计算机系统可输入及储存多套列车运行图，并可根据设定的列车运行图实行行车指挥功能。

2）对正线运行列车实行自动跟踪，显示进路、道岔位置、区间及线路占用情况。

3）可自动或人工对列车运行进行调整，可使用人工对进路排列、信号开放、道岔转换进行控制。

4）提供中央及车站两级运行模式，并可根据需要进行控制权转换。

5）列车运行自动保护系统对列车运行设定防护区段，控制前后列车运行的安全距离。

6）列车既可使用自动驾驶功能，也可采用人工驾驶，列车占用区间的凭证为收到的有效速度码。

7）通过计算机系统自动绘画列车实际运行图，并进行有关运营数据统计。

（3）调度监督条件下的半自动控制。调度监督条件下的半自动控制方式是在调度所统一指挥和监督下，由车站行车值班员操作车站电气集中或临时信号设备控制列车运行。早期建成的城市轨道交通至今仍旧保留这种列车运行组织方式。在一些新线上，由于信号系统尚未调试安装完毕，在过渡期运营时也会采取这种方式进行行车组织。在信号设备完全安装完毕的条件下，当中央 ATS 设备发生故障或特殊情况下均可采用此种方式。调度监督下的半自动控制可实现的功能有：

1）车站信号控制系统具有联锁功能，可对进路排列、道岔转换、信号开放施行人工控制。

2）可实时反映进路占用、信号及道岔等工作状态，对线路上的列车运行进行监护。

3）可储存信号开放时刻、道岔运作、列车运行等各类运行资料，并根据需要可调用。

4）车站根据调度指令对列车运行进行调整。

5）计算机自动绘制或人工绘制列车实际运行图。

2. 列车运行驾驶模式

在列车运行控制方式及设备功能不同的情况下，列车运行的驾驶模式也不一样，目前地铁车辆在日常运行过程中主要存在五种不同的驾驶模式：ATO 模式、列车自动折返模式（AR 模式）、受 ATP 监控的人工驾驶模式（SM 模式）、RM 模式、URM 模式。运行中主要依据设备的状态和运营的需要而选择相应的列车运行驾驶模式，驾驶员可根据线路、设备状态及运营要求，以任何一种驾驶模式驾驶列车运行。

（1）ATO 模式。

1）基本特征：ATO 模式是最优先级的驾驶模式，通过 ATC 信号系统实现。该模式下，两站间的列车自动运行，列车的运行不取决于驾驶员。列车自动启动、加速、维持惰行、减速、停车，驾驶员负责监督 ATP/ATO 指示、列车状况、所要通过的轨道、道岔和信号状态，必要时加以干预。

2）基本运用：正线列车正常运行时的基本模式（包括折返线和试车线）。

（2）AR 模式。

1）基本特征：AR 模式包括列车的自动换向和有折返轨的自动折返。其中，有折返轨的自动折返又可分为人工折返和无人折返。

2）基本运用：在具备自动折返条件的折返站和具有换向功能的特殊轨道区段使用。

（3）SM 模式。

1）基本特征：SM 模式是次优先级的驾驶模式，在正常情况下培训时采用，或当 ATO 设备故障，但车载和轨旁 ATP 设备良好时采用。该种模式下，驾驶员必须根据 ATP 提供的推荐速度通过主控制器控制列车运行，列车运行受 ATP 的监控和保护。当实际速度在（推荐速度−1km/h）～（推荐速度+4km/h）范围时，会有声音报警，当实际速度大于（推荐速度+4km/h）时，ATP 产生紧急制动。驾驶员以 SM 模式驾驶时，要保持按下警惕按钮，否则会产生紧急制动。驾驶员以 SM 模式驾驶列车进站，停车在停车窗内，ATP 给出门释放命令后，驾驶员手动开门。

2）基本运用：ATO 故障时的降级运行；运行时轨道上发现有障碍物；下雨时列车在地面站行驶。

（4）RM 模式。

1）基本特征：RM 模式是较低级的驾驶模式，在该模式下，列车由驾驶员驾驶，驾驶员对列车运行安全负责，驾驶员通过主控制器控制列车运行，运行中负责监督 ATP/ATO 指示显示、项目 3 正常情况下列车运行组织列车状况、所要通过的轨道、道岔和信号的状态，车载 ATP 负责。

2）基本运用：车辆段运行；联锁、轨道电路、ATP 轨旁设备故障；列车紧急制动以后。

（5）URM 模式。

1）基本特征：URM 模式是故障级驾驶模式，在该模式下，列车的运行完全由驾驶员负责，没有 ATP 的监控。国内部分地铁车辆采用 URM 模式时，列车前进最高速度可达 80km/h，后退最高速度可达 10km/h。

2）基本运用：车载 ATP 设备故障；车辆部分设备检修和调试。

3. 非正常情况下的行车组织

在城市轨道交通系统运营突发场景下，常采取的非正常行车作业方式主要包括限速、人工限制向前（RMF）、退行、切除 ATP 运行、手摇道岔、电话闭塞、线路中断、反向运行（单线双向）等。

（1）限速。如表 4-1 所示，在列车故障、信号故障、弓网异常等突发应急场景下，运营调度会根据实际线路和列车运行等条件因素，适时采取列车临时限速运行的应急处置方式。

表 4-1　限速作业场景和要求

措施	授权人	应急情景		作业要求
限速	值班调度长	（1）列车故障； （2）信号故障； （3）弓网异常（拉弧、冒火星）； （4）线路异常（积水、桥梁受损）； （5）人员/异物侵限； （6）恶劣天气（台风、迷雾）	审批授权	内容： 限速命令 提交审批： 运营调度员提交值班调度长审批。 授权
			安全防护	
			发布调令	条件： 审批授权 发布： 临时限速由运营调度以口头调度命令形式向各相关单位发布和取消。"命令号 ***，令 **** 号车 ** 处至 ** 处以 ** 模式限速 ** km/h 运行" 确认： 确认受令对象复诵完毕
			作业执行	盯控： 司机应按照限速命令执行
			ATS面板	限速（列车运行速度、时分）

（2）人工限制向前（RMF）。如表 4-2 所示，在单个区段轨旁设备故障、手信号接发列车、信号机故障、屏蔽门故障等突发应急场景下，运营调度会根据实际线路和列车运行等条件因素，适时采取列车临时限速运行的应急处置方式。

表 4-2 人工限制向前（RMF）作业场景和要求

措施	授权人	应急情景	作业要求	
限制向前	值班调度长	（1）单个区段轨旁设备故障； （2）手信号接发列车； （3）信号机故障； （4）屏蔽门故障； （5）进路无法排列； （6）单列车车载故障； （7）救援列车接近故障车； （8）道岔故障； （9）列车进站落码	审批授权	内容： 列车以人工限制向前方式运行 提交审批： 运营调度员经报值班调度长审批 授权
			安全防护	（1）与前行列车的安全距离应不得小于一站一区间（除救援列车在故障区段接近故障车、列车定位过程中区间列车接入车站及列车站台对位的情况外）； （2）至授权运行终点的进路（含防护进路）应开通； （3）道岔应位置正确并锁闭
			发布调令	条件： 审批授权 发布： 人工限制向前由运营调度以口头调度命令形式发布和取消。明确列车运行方式与授权运行终点 确认： 确认受令对象复诵完毕
			作业执行	盯控： （1）司机应按照命令执行； （2）值班调度长指定专人对列车运行进行全程监控。 信息传递： 应将人工限制向前运行列车的运营信息告知列车运行的途经车站 联动岗位执行： 布置车站加强对列车的监控
			ATS面板	（1）限速； （2）扣车等操作（安全距离确认）； （3）进路开通

（3）退行。如表 4-3 所示，当列车在运行过程中冲出站台时，满足表中描述的运行情况下，运营调度可发布退行命令，安排列车执行退行操作。

表 4-3　退行作业场景和要求

措施	授权人	应急情景	作业要求	
退行	值班调度长	下列冲出站台的列车应退行： （1）首班车； （2）后续无空车跟随的末班车； （3）专列； （4）终端站的载客列车； （5）冲出站台长度不超过1节车厢，且后方列车距站台末端距离大于100米的载客列车	审批授权	内容： 列车退行 提交审批： 运营值班员向值班调度长提交审批； 授权
			安全防护	1. 运营调度员接到司机冲出站台的汇报后，应将后续列车扣车；后续列车已进入区间时，应确认司机已停车待命。 2. 列车退行前应确认以下条件： （1）后方列车距站台末端距离应不小于100m（与司机确认）； （2）确认列车退行进路（含防护进路）上的道岔应位置正确并锁闭； （3）车站确认退行条件
			发布调令	条件： 审批授权 车站值班员确认退行安全条件 发布： 由运营调度以口头调度命令形式向退行列车司机发布和取消。"命令号＊＊＊，令＊＊＊＊号车以＊＊模式退行对位。" 确认： 确认受令对象复诵完毕
			作业执行	盯控： 司机应按照命令执行。 联动岗位执行： 运营调度员通知车站进行列车退行广播。 信息传递： 末班车不能退行时，由后续空车至该站载客，并将跳停信息告知后续车站
			ATS面板	（1）后续列车扣车； （2）进路、退行列车模式确认； （3）空车载客（加开操作）
			其他	列车退行后不能恢复正常模式时，一般不得切除ATP退行（避免造成较大影响；调度初期会预判，如果需切ATP，一般不安排退行）

（4）切除 ATP 运行。如表 4-4 所示，当发生车载故障、列车制动故障、列车救援连挂完毕动车、电话闭塞法行车等运行情况时，运营调度可申请发布列车切除 ATP 运行命令，安排列车执行相关操作。

表 4-4 列车切除 ATP 运行作业场景和要求

措施	授权人	应急情景	作业要求	
切除 ATP 运行	线路调度长	（1）车载故障； （2）列车故障（制动等）； （3）线路设备故障造成列车无速度码时（影响范围的线路长度不小于4km）； （4）列车无法以信号方式反向运行时； （5）列车救援连挂完毕动车时； （6）电话闭塞法行车时	审批授权	内容： 列车切除 ATP 运行。 提交审批： 运营调度经报线路调度长审批； 授权
			安全防护	1. 安全距离确认： （1）与前行列车的安全距离不得小于一站一区间； （2）区间红光带或轨旁设备故障造成载客列车切除 ATP 运行时，与前行列车的安全距离应不得小于两站两区间； （3）末列载客列车后开行切除 ATP 列车时，与前行列车行车防护间隔应不小于两站两区间。 2. 列车至授权运行终点的进路（含防护进路）开通。 3. 道岔应位置正确并锁闭。 4. 同一线路同时切除 ATP 方式运行列车不得超过两列，相邻两列车不得同时以切除 ATP 方式运行（电话闭塞除外）。 5. 切除 ATP 载客运行的列车遵循限速要求；应及时至就近存车线或终点站退出运行
			发布调令	条件： 审批授权； 确认进路办理妥当 发布： 由运营调度以口头调度命令形式向司机与车站发布和取消调度命令，明确列车运行方式与授权运行终点。"命令号＊＊＊，令＊＊＊＊号车 close-in/授权模式/RMO/RMF 寻码建立 WSP/ATP/ATPM/ATO 运行。" 确认： 确认受令对象复诵完毕
			作业执行	盯控： （1）司机应按照命令执行； （2）运营调度员应全程监控切除 ATP 运行的列车，做到专人操控、专人监控。 联动岗位执行： （1）通知就近车站派专人登乘（电话闭塞除外）； （2）布置车站加强对列车的监控。 信息传递： 将切除 ATP 列车的运营信息告知列车运行的途经车站

续表

措施	授权人	应急情景		作业要求
切除ATP运行	线路调度长	(1) 车载故障; (2) 列车故障（制动等）; (3) 线路设备故障造成列车无速度码时（影响范围的线路长度不小于4km）; (4) 列车无法以信号方式反向运行时; (5) 列车救援连挂完毕动车时; (6) 电话闭塞法行车时	ATS面板	(1) 限速; (2) 扣车（安全距离确认）; (3) 进路开通（信号机、道岔）; (4) 列车模式; (5) 就近退出（运营调整）
			其他	(1) 清客要求：列车排故手册中规定的车辆故障; (2) 若列车切除ATP载客运行过程中发生ATS监控系统异常或无法与司机取得联系时，运营调度员应截停列车，安排该车清客后就近退出运行

（5）手摇道岔。如表4-5所示，当遇到道岔故障、道岔区段非正常停车、集中站信号故障、车站失电等突发应急状况时，在授权同意后，运营调度可发布手摇道岔命令，安排列车执行相关操作。

表4-5　手摇道岔作业场景和要求

措施	授权人	应急情景		作业要求
手摇道岔	线路调度长	(1) 道岔故障; (2) 道岔区段非正常停车; (3) 集中站信号故障; (4) 车站失电	审批授权	内容： 手摇道岔 提交审批： 运营调度员向线路调度长提交审批; 授权
			安全防护	(1) 将道岔故障车站后方列车扣停于后方车站，区间列车停车待命; (2) 取消列车进路及可以触发进路的其他ATS设置（然后中央单操单锁，若失败，控制权下放）; (3) 控制权应下放至车站，后对故障道岔进行测试（车站先单操单锁，若失败，转入手摇道岔流程）
			发布调令	条件： 审批授权 发布 发布书面命令。"**时**分起，**站以手摇道岔方式办理接发车作业，列车凭车站手信号进站。" 确认： 确认受令对象复诵完毕

续表

措施	授权人	应急情景	作业要求	
手摇道岔	线路调度长	(1) 道岔故障; (2) 道岔区段非正常停车; (3) 集中站信号故障; (4) 车站失电	作业执行	联动岗位执行: 接到车站进路准备完毕的报告,安排后续列车司机以ATP手动驾驶模式运行至"0码"区段,向司机发布手摇道岔接发车的命令
			ATS面板	(1) 扣车; (2) 进路排列、取消; (3) 道岔单操单锁; (4) 控制权下放; (5) 列车模式; (6) 交路调整(运营调整)
			其他	道岔故障应按以下顺序优先操作: (1) 利用正常道岔排列进路,信号方式接发列车; (2) 单操单锁故障道岔,手信号方式接发列车(先中央操作,不行下放权限,车站操作); (3) 手摇道岔加钩锁器,手信号接发列车(车站操作); (4) 手摇道岔布置进路时,应按手摇道岔次数最少的原则布置进路

(6) 电话闭塞法行车。如表 4-6 所示,当遇到集中站信号故障(联锁故障)时,需向集团副总申请,在授权同意后,运营调度可发布电话闭塞法行车命令,安排列车执行相关操作。

表 4-6 电话闭塞法行车作业场景和要求

措施	授权人	应急情景	作业要求	
电话闭塞法行车	集团副总	(1) 道岔故障; (2) 道岔区段非正常停车; (3) 集中站信号故障; (4) 车站失电	审批授权	内容: 电话闭塞法行车 提交审批: 由运营调度员向集团副总提交审批; 授权
			安全防护	列车发车时与前车间隔应满足"两站两区间空闲"

措施	授权人	应急情景	作业要求	
电话闭塞法行车	集团副总	（1）道岔故障； （2）道岔区段非正常停车； （3）集中站信号故障； （4）车站失电	发布调令	条件： 审批授权 发布： 发布书面命令。"＊＊时＊＊分，令＊＊站至＊＊站上/下行改用电话闭塞法行车。" 确认： 确认受令对象复诵完毕
			作业执行	盯控： 与电话闭塞法区段内所有车站明确实施的首列车位置（分上、下行）、车次、车体号。 联动岗位执行： 列车的行车凭证是路票，凭路票到达下一车站，凭车站行车人员的发车手信号动车，凭车站行车人员的停车手信号停车
			ATS面板	（1）扣车； （2）限速； （3）列车模式
			其他	电话闭塞法启动准备： （1）运营调度员令故障区段内列车司机立即停车待命，并命令故障区段内各车站准备接车进路； （2）当中央及车站ATS均无法显示列车正确位置，且列车无法以ATP运行时，执行列车定位； （3）区间内有列车，运营调度员确认前方车站具备接车条件后，令列车以人工限制向前（RMF、Close-in、RMO、授权模式）限速20km/h运行至车站待命，若区间内有多列车，应逐列运行至车站待命； （4）运营调度员与实施电话闭塞区段内所有列车司机、车站值班员复核确认列车位置

（7）线路中断运营。如表4-7所示，当发生设备故障或其他突发情况（触网失电、积水、恶劣天气、异物侵限、挤岔掉道颠覆等），导致该区段运营中断时，需向集团副总申请，在授权同意后，运营调度发布调令执行线路中断运营。

表 4-7　线路中断运营作业场景和要求

措施	授权人	应急情景		作业要求
线路中断运营	集团副总	发生设备故障或其他突发情况（触网失电、积水、恶劣天气、异物侵限、挤岔掉道颠覆等），导致该区段运营中断时	审批授权	内容： 线路中断运营 提交审批： 运营调度员向值班调度长提交申请； 值班调度长向集团（副）总调度长申报； 授权
			安全防护	
			发布调令	条件： 审批授权 发布： 发布书面命令。对行车交路进行调整，中断部分区段运营。 确认： 确认受令对象复诵完毕
			作业执行	联动岗位执行： 与现场人员确认行车条件。 ATS 面板操作： （1）运营调度员截停故障区段所有列车； （2）中断区段内列车具备安全运行至前方车站条件时，经值班调度长审批授权，发调令列车以 20km/h 运行至前方站
			ATS 面板	（1）扣车； （2）限速； （3）交路调整（运营调整）
			其他	

（8）反向运行（单线双向）。如表 4-8 所示，当发生设备故障或其他突发情况（触网失电、积水、恶劣天气、异物侵限、挤岔掉道颠覆等），导致该区段运营中断时，需向集团副总申请，在授权同意后，运营调度发布调令执行线路中断运营。

表 4-8　反向运行作业场景和要求

措施	授权人	应急情景	作业要求	
反向运行	集团副总	（1）运营期间具备ATP自动防护功能的非图定反向运行；（2）救援列车需反向运行；（3）电话闭塞法及封闭/封锁区间内需反向运行	审批授权	内容： 反向运行 提交审批： 运营调度员按报批流程向集团（副）总调度长申报授权
			安全防护	（1）进路准备完毕、道岔应位置正确并锁闭； （2）列车动车时，应符合一站一区间空闲的要求； （3）反向运行列车与对向列车至少一站一区间； （4）速度要求：正常按 ATP 指令速度运行，切 ATP 的方向列车限速运行
			发布调令	条件： 车站确认完毕； 审批授权 发布： 运营调度员向车站和司机发调令（明确列车运行方式与授权运行终点）。"命令号＊＊＊，令＊＊＊＊号车＊＊站至＊＊站上/下行以＊＊模式反向运行" 确认： 确认受令对象复诵完毕
			作业执行	盯控： 值班调度长指定专人对列车运行进行全程监控
			ATS面板	（1）扣车（安全距离确认）； （2）进路开通（信号机、道岔）； （3）列车模式； （4）限速
			其他	

4. 列车运营调整

在地铁运营组织中，运营调度应严格按照列车运行图组织行车。当列车偏离运行图计划时，运营调度要及时进行调整，尽快恢复列车正点运行。运营调度在进行运营调整时，必须考虑到列车运营调整后对运营和服务的影响，做到安全、高效地恢复正常运营。

在正常情况下，当列车出现延误 OCC 运营调度的处置一般有如下几种调整手段：扣车、调整终点站发点、降低运行等级（调整区间运行时分）、调整停站时间、运休列车（收车）、加开列车、列车替开、变更交路以及载客通过等。运营调度应根据实际情况，综合利用上述调整手段进行运营调整。

（1）扣车：是通过将列车扣停于车站站台，增加列车在车站的停站时间，达到保列车安全、实现运营调整目的而采取的一项调整措施。遇突发情况时，为防止在区间长时间修留或列车进入前方非安全区段，运营调度员需采用扣车手段。因安全因素进行的扣车，必须在确认安全后方可取消扣车，因运营调整而进行的扣车作业，原则上单站扣车时间不大于 5min（上海）。

（2）调整终端站发点：出于某种原因，实际列车上线数少于图定列车数或线路发生拥堵时，调度员应采用调整终端站发点措施，遇早高峰时段，调度员为避免列车晚点，也可采取终端站早发措施，但应控制在 2min 内。

（3）改变列车运行等级（调整区间运行时分）：除线路故障造成的区间限速外，调整时为减少或增加列车在区间运行时分，可采用改变列车运行等级的措施。

（4）调整停站时间：通过扣车或更改车站停站时间，以缩短列车与前后列车的间隔。

（5）运休列车（收车）：出于设备故障等原因，造成线路拥堵严重，调度员应主动采取安排列车回库、进存车线（折返线）停运的措施。

（6）加开列车：遇突发性客流增加或列车晚点造成客流积聚时，调度员应进行备车的加开，达到增加运力、缓解客流压力的作用。

（7）列车替开：通过备车替开计划列车（换表），减少列车晚点，尽快恢复列车按图行车，列车替开统计应符合运行图统计规则。

（8）变更交路：通过变更列车终到目的地，以满足运营的需要。主要适用于：前方区段异常，防止列车进入；均衡不同区段列车运能（大小交路列车密度的变更，上下行列车密度的变更）。

（9）改变折返方式：当终端站具有两条及以上折返线时，在列车高密度到达的情况下，调度员可采取两条折返线交替折返，以缓解车站的到达压力，有效及时地开通区间；当终端站具备站前站后折返模式时，在站后折返设备发生故障时（如道岔故障），可采用站前折返方式，有效降低故障影响。

（10）载客通过：在车站不具备乘客安全乘降条件以及列车晚点可能或已经造成后续列车发生拥堵时，调度员可安排载客列车在部分车站通过，以达到恢复行车间隔，确保线路通畅和乘客人身安全的目的。载客通过是调度员调整列车运行间隔，组织按图行车的重要手段。

第二节 城市轨道交通突发事件应急处置

城市轨道交通突发事件应急处置的核心是根据应急场景信息、应急资源配置信息及其他联动岗位传递的相关信息，完成满足安全性、规范性、效益性的应急处置决策、处置操作及信息联动等工作的过程，在最短时间恢复线路正常运营。在事件处置完毕、线路恢复正常运营秩序后，管理部门对突发事件进行记录和事后分析，分析整个事件应急处置过程的合规性，为下一次突发事件的处置积累经验，形成信息闭环。按照"事前、事中、事后"对突发事件应急处置全过程进行梳理，工作框架如图4-3所示。

图4-3　城市轨道交通突发事件应急处置工作框架

一、运营突发事件应急响应启动

及时的应急响应和高效的信息传递是进行应急处置的关键。当突发事件发生时，调度员需根据各岗位及各设备反馈的事件信息，对当前突发事件的影响范围和影响时间进行预估，依据预估结果启动相应等级的应急响应。

（1）路网指挥协调层：COCC 主要负责在突发事件发生时，及时对突发事件信息进行汇总，完成对突发事件预判及预警，将突发事件信息传递于 OCC、运营部门、维保部门并向上级部门报告，执行突发事件应急指挥与总体协调、支配力量调配等工作。当突发事件影响扩大、五级预警时，路网层启动 ETC 进行应急处置决策。

（2）线路控制层：OCC 主要负责突发事件影响线路运营调整和行车指挥，并配合现场处置或排故进行相应的运营调整工作。OCC 除了直接指挥车站值班员、列车司机、DCC 运转等行车岗位执行指定行车及运营调整命令、完成纵向的信息流转及岗位联动外，还与运营部门、维保部门进行信息和指令的横向互通，当涉及设施设备抢修时，及时通知维保公司相关故障信息并获取施工抢修计划，配合抢险/抢修队伍进行现场抢修并做好安全防护工作。

（3）现场执行层：主要负责现场应急排故、客运组织、设施设备抢修等工作。将设备故障情况、异常信息等上报线路指挥层，同时根据线路指挥层的命令进行现场处置。

二、运营突发事件应急处置研判

不同突发事件类型对运营造成的影响不同，根据现场上报的故障信息或事件原因对事件影响进行研判是调度员应急处置前期的重要工作。常见城市轨道交通突发事件原因如表 4-9 所示。

表 4-9　城市轨道交通突发事件原因

事件归因	原因	原因细分
车辆	控制系统故障	电气控制设备故障、显示器故障、控制系统其他
	车门故障	安全门、司机室门、客室车门
	制动故障	停放制动、风缸、空压机、BC/B9 阀、制动其他

续表

事件归因	原因	原因细分
车辆	牵引故障	主回路、高速开关、受电弓、牵引其他
	辅控系统故障	辅助逆变器、照明、蓄电池、辅控系统其他
	其他车故	空调、广播、车钩、车体、异声/异味、其他
通号	车载 ATC 故障	VOBC 死机、模式丢失、轮径丢失、定位丢失、TOD、非通信列车
	轨旁设备故障	红光带、AP 故障、信号机故障、信标、发车表示器、轨旁其他
	ATS 故障	LATS、CATS、服务器死机、大屏、网络风暴、DT 故障/通信中断
	道岔故障	道岔故障
	信号	SACEM、VPI、PMI、SCOM、MEI、ZC、中央/车站 SD、MAU、LINE 丢失、信号其他
	通信失效	电话、无线对讲
供电	变电站故障	市级电源、拉弧/冒火星、SCADA、故障跳闸、电源故障、综保故障
	接触网/轨故障	—
	供电其他	运方调整
工务	线路施工	踏空橡胶条、涂油
	道岔故障	—
	工务结构损坏	漏水、冒沙/冒泥浆、嵌缝条
	工务其他	—
调度	调度员	操作不熟练、误操作
	日常工作要求	行调调整
客运	车站值班员	操作不熟练、误操作
	司机	操作不熟练、误操作
	屏蔽门/安全门故障	本体故障、冒火星
	运转及信号楼	操作不熟练、误操作
	客运其他	消防误报、AFC、客伤、环控设备、施工影响
客观	大客流	
	天气	台风、暴雨、高温、雷电、迷雾、霜冻
	异物侵限	—
	人员侵限	—
	乘客触发	紧急把手
	门夹人夹物	屏蔽门/安全门夹人夹物、车门夹人夹物
	公共安全	—
	客观其他	外部影响、车辆要求、通号要求

如表4-9所示，影响轨道交通正常运行的因素多种多样，即使是同一类型的突发事件，其受线路条件、发生地点、发生时间等因素的不同，对应急处置的影响也千差万别。主要影响因素如下：

（1）突发事件类型（致因）：不同类型（致因）的突发事件所造成的影响不同，即突发事件本身较大程度地决定了事故的影响范围，如信号故障、供电故障等造成的影响较大；单车故障造成的影响相对较小。

（2）设备条件（状态）：突发事件对应急处置的影响不仅仅在于事件本身的性质，更需要调度员根据现有的设备状态做出决断，在不同的设备条件下所做出的决策是不同的，其根本在于压缩处置时间，减小影响范围。比如，在道岔故障中，调度员应该遵循的原则有：能排列进路不单操道岔；能单操道岔不手摇；同时优先考虑故障道岔的现有位置，减少手摇道岔的工作量。

（3）发生地点：若事故发生在客流量较大的车站，长时间的列车晚点会导致大量客流在站台积压，容易造成乘客受伤等次生灾害的发生。若列车在区间发生故障，处置流程为：救援列车先与故障车连挂后，连挂运行至前方就近车站后分别对故障车和救援车进行清客作业后，连挂运行至退出运营；若列车在站台发生故障，处置流程为：救援车、故障车清客后连挂运行至退出运行。

（4）发生时间：早、晚高峰与平峰时段列车开行计划不同、客流强度不同，使得不同时间段内事故所造成的影响范围和影响时间不同，运营调度员为恢复正常运营所采取的运营调整措施同样随时间段的不同而有所差别。

（5）可用资源：不同线路的可用资源不同，包括折返线/存车线、联络线、渡线布设、停车场及出入场线情况、备车数量等。可用资源的情况一定程度上影响了运营调度员的处置决策以及事故对正常运营所造成影响的时间，如备车数量影响了能够加开列车数量等。

三、运营突发事件应急处置实施

查清突发事件原因后，调度员根据相应的应急预案，并指挥现场执行指定的应急处置操作。一般情况下，应急预案体系包括综合应急预案、专项应急预案和现场应对方案，三者之间的关系为逐级细化，以提高应急处置能力，降低突发事件造成的损失及对运营的影响，确保轨道交通运营安全有序。

面对突发情况，调度员要做到处置规范、符合各类规章要求，主要遵守运营调度规程、运营调度工作细则、非正常行车作业管理规定等十几项处置规范或管理规定。调度员突发事件处置主要分为故障区段的应急处置和线路运营调整两大模块，其中，故障区段的处置一般由正值调度完成，非故障区段的运营调整由副职调度完成。虽然突发事件类型及原因具有多样性，但调度员能够采取的应急处置措施以及运营调整措施是相对固定的，需要根据具体突发事件合理采取一种或多种处置措施。

四、应急突发事件事后评估

为了不断提高轨道交通运营服务质量，防止和减少轨道交通运营事故发生，在事故发生后，运营单位需要根据运营事故的等级进行相应的调查处理分析工作。主要根据在运营过程中发生列车冲突、脱轨等，或在相关作业过程中造成乘客伤亡、财产损失、设备损坏以及危及行车安全或影响正常行车的程度，判断突发事件等级，按照影响大小分为一般事故 A/B/C/D/E 类事故，开展专项分析评估工作。分析评估形式主要为撰写专报，对事件的概况进行再现，包括事件地点、相关人员、发生时间、事件概况、期间运营调整、事故造成影响。通过召集各单位，对应急突发事件处置各环节、各岗位的处置进行分析，对照现有的规章制度体系，对事故发生原因进行分析，对各处置环节的时间要求、流程要求、安全卡控要求等关键作业项点进行定性分析，确定各岗位处置合理性和合规性，结合经验提出相应的整改措施，为同类型突发事件的处置提供处置经验，提高处置效率。

为量化突发事件处置效果，各地铁运营单位会相应地建立运营质量的评价指标体系，以上海地铁为例，所建立的运营统计指标体系如图4-4所示。

图4-4 运营统计指标体系

第三节　城市轨道交通突发事件案例分析

案例一：2017 年 2 月 14 日 13 号线隆德路下行 1317 车故障救援事故

2017 年 2 月 14 日 21 时 54 分

1317 车运行至隆德路下行进站距离站台 100 米处迫停，主风缸压力持续下降，司机进入排故流程；后司机处置无效申请救援，并先后切除 BC 阀及下线手动缓解 1 至 3 节停放制动。调度布置后续江宁路 1314 车在武宁路清客后救援。

22 时 2 分至 22 时 13 分

由于故障车 1317 车切除 ATC 致救援车 1314 车在长寿路下行列车落码，调度布置该站清客后以慢速前行方式运行实施救援。

22 时 18 分

救援连挂后司机下线手动缓解剩余停放制动，推进故障车至隆德路下行清客完毕后，经大渡河路折返至上行线回北翟路车库。

案例二：2021 年 4 月 19 日 9 号线 0903#车门故障事件

7 时 43 分

9 号线马当路站至打浦桥站下行区间 903750 次 09003#车运行中司机发现右侧关门灯闪烁后熄灭、MMI 面板显示 A 车门严重故障、后端 A 车右侧 5 扇车门红色闪烁。

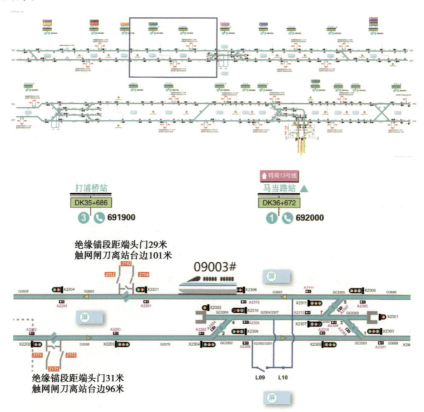

7 时 45 分

司机至站台确认开门侧双门开启后进司机室关断主控并携带钥匙、门贴后至现场处置。

7 时 47 分

司机确认设备柜保险正常，重新开关门无效。

7 时 55 分

司机使用关门旁路，建立 ATPM 模式接令空车至桂林路存车线退出运营，09003#车动车出站。

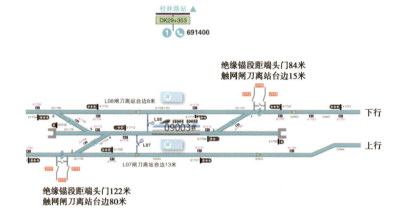

第四节　屏蔽门故障应急处置实验

一、实验目的与实验要求

1. 实验目的

通过实验使学生通过城轨运营综合仿真实训系统了解站台门故障应急处置的操作程序，了解行调、司机、行值、站务的工作内容和职责。

2. 实验要求

在列车到达车站后站台门无法打开情况下，详细设计多岗位联动的应急处理方案和程序，并按照演练步骤完成桌面演练。

二、实验设备

本实验使用《城轨运营综合仿真实训系统》，系统综合利用了计算机信息技术领域中的最具发展潜力的网络技术、虚拟仿真技术、微机测控技术、多媒体技术四大技术，完全在计算机上构建了一个接近真实的学习、实训环境。

三、实验原理

1. 站台门控制系统

站台门控制系统主要由中央接口盘（PSC）（含逻辑控制单元及状态监视单元）、就地控制盘（PSL）、门控单元（DCU）、就地控制盒（LCB）、操作指示盘（PSA）、通信介质及通信接口等设备组成。

每个车站站台门控制系统均包括两个独立控制子系统（见图4-5），分别监控两侧站台门，确保任一侧站台门故障不应影响另一侧屏蔽门的正常运行，某一道门故障不影响同侧其他站台门的正常运行。

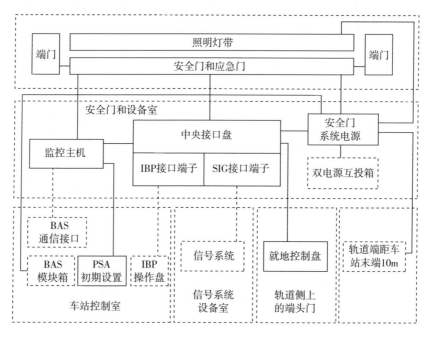

图 4-5　站台门的控制系统

（1）中央接口盘（PSC）。中央接口盘是屏蔽门控制系统的主要接口设备，是屏蔽门控制系统的核心，为车站信号室内的信号系统设备、车站控制室内的机电设备监控系统（BAS）、屏蔽门设备室内的电源系统、站台端头就地控制盘（PSL）、操作指示盘、IBP盘及所有的门机控制器（DCU）提供接口连接。

（2）就地控制盘（PSL）。站台端头就地控制盘（PSL）设有一个较高防护等级的外壳，安装在站台轨道侧的前端，与列车正常停车时司机室相对。PSL通过硬接线与中央控制接口盘（PSC）相连。

当列车自动控制系统失效或PSC非正常工作时，列车司机或站台人员可以通过PSL的"操作允许"钥匙开关将PSC系统切换到PSL来控制屏蔽门的开闭，实现与列车自动控制系统（ATC）相同的控制功能。

当PSC系统不能向ATC发送锁紧信号时，PSL所具备的"互锁解除"功能会解除列车的锁紧状态。PSL能保证在列车ATC与PSC发生故障时仍能对屏蔽门进行有效控制。

为了防止误操作，盘上有一个操作允许钥匙开关，只有钥匙开关处于操作允许时，开门、关门按钮才有控制作用。根据要求，所有屏蔽门没有关闭且锁紧，列车是不能离站的。

如果某个屏蔽门出现故障，可在PSL上通过钥匙开关，人为发出互锁解除信号，取代站台门的关闭且锁紧信号，让列车能够离站。

测试按钮，主要是用来检查盘面上的指示灯是否有故障，当按下测试按钮时，指示灯会点亮。

（3）就地控制盒（LCB）。LCB盒是在每个滑动门的顶箱里的靠近DCU的就地控制盒，它由一个四位钥匙开关组成。当钥匙开关处于自动位置时，DCU接收PSC发来的控制信号；当钥匙开关处于隔离位置时，这个门的DCU不接收任何控制命令，以便进行维修；当处于开门或关门位置时，DCU不接受PSC发来的控制命令。在逻辑关系上，开门、关门是互锁的，也就是不可能同时发出两个命令。

（4）IBP盘。当车站、区间发生火灾等紧急情况，需要车站疏散时，可通过设置在车控室IBP盘上的紧急控制按钮，开启站台门。

（5）操作指示盘（PSA）。PSA置于车控室内，操作指示盘上设有液晶显示屏，通过串行通信网络与PSC连接。当PSC监视、采集到系统运行状态、故障等信息后，将监视信息通过串行网络传递给操作指示盘，在显示屏上显示有关站台门的报警、运行状态、运行故障等信号。经PSC处理后的关键信号通过硬线传送到PSA的指示灯上。PSA还可完成在人机界面上对门参数进行修改及故障记录等功能。在PSA上还有一套紧急控制装置，紧急控制装置通过硬线与PSC之间进行信号传递，在网络系统失效时或紧急状况下，可通过操作面板的紧急开关和相关按钮进行站台门的打开与关闭操作。

（6）声光报警装置。在每个站台门单元都设置一个声报警装置，并在每个站台门单元的顶盒中央设置一个光报警装置（指示灯），用于在站台门动作前对乘客发出警告，并在站台门发生故障时提醒车站工作人员采取相应的措施。

2. 站台门系统控制方式

站台门系统的控制可分为系统级控制、站台级控制和手动级控制三种控制方式。其中手动级控制为最高优先级，系统级控制为最低优先级。

系统级控制由信号系统通过中央控制盘PSC控制站台门。站台级控制则由两侧站台的就地控制盘PSL控制站台门。手动级控制则通过每个门单元的就地控制盒LCB来进行开关门操作或由工作人员通过三角钥匙进行开关门操作。

此外站台门系统还设有火灾控制模式，即在相应的火灾模式下，车站值班人员在车站控制室操作站台门紧急控制开关，配合打开滑动门，疏散乘客和配合环控系统排烟。火灾控制模式的优先级高于站台级控制和系统级控制。

（1）站台门系统级控制（PSC）。系统级控制应用于正常运行模式，此时站台门系统和信号系统及二者间的接口等设备都处于正常状态。

站台门的开关均由信号系统通过中央接口盘PSC来控制。

PSC由单元控制器控制系统和监视系统构成。每个单元控制器控制一侧站台的站台门，各单元控制器都配备有与之相应侧信号系统进行接口的设备。PSC内完成与其他系统接口前的所有准备工作，如将两侧站台门的状态信息集成，并将信息以每个车站为单位与BAS进行数据传送。具体工作过程如下：

1）当列车进站且停在允许的误差范围内时，站台门系统接收信号ATC发来的开门指令，PSC通过硬线安全回路向每个门单元的DCU发送打开站台门的命令，门机控制器（DCU）接收到开门命令后，按顺序自动执行解锁、开门等操作，在滑动门打开过程中，滑动门顶箱上的状态指示装置会做出响应动作。

2）当列车需要离开站台时，站台门系统接收信号 ATC 发来的关门指令，PSC 通过硬线安全回路向每个门单元的 DCU 发送关闭站台门的命令，门机控制器（DCU）接收到关门命令后，按顺序执行关门、闭锁等操作。当所有滑动门都关闭且锁紧后，站台门系统向信号系统发出"站台门关闭且锁紧"信号，允许列车离站，顶箱上的状态指示装置做出响应动作。

3）在开/关门过程中站台门都需要进行防夹检测，如果检测到滑动门被夹，则认为该挡滑动门在开/关时遇到了障碍物，于是 PSC 撤销开/关门命令，滑动门停止动作复位并延迟 2s（时间可调），再重新开/关滑动门。

4）如果重开/关滑动门 3 次后障碍物仍然存在，滑动门打开并发出声光报警，需要进行人工操作，将该挡滑动门进行隔离，等待维修。

（2）站台门站台级控制（PSL）。站台级控制为在系统级控制出现故障时，可进行 PSL 站台级控制。列车驾驶员或站务人员可在就地控制盘（PSL）上通过"专用钥匙"及开/关门按钮对站台门进行"开/关门"操作，实现站台门的站台级控制操作。就地控制盘 PSL 一般盘面至少包括以下内容：

1）"关闭锁紧"状态指示灯为绿色，当所有门单元关闭并锁紧后，指示灯亮；当某一个 ASD/EED 没有关闭且锁紧时，这个绿色指示灯熄灭。

2）"开门指示"状态指示灯为红色，当所有滑动门单元全开到位后，指示灯亮；滑动门打开关闭过程中，指示灯闪烁。

3）"互锁解除"指示灯为红色的，强制执行互锁解除钥匙开关时，这个红色指示灯将被点亮。

在以下情况下可通过就地控制盘进行控制：

1）当系统级控制方式不能打开或关闭滑动门时，如信号系统故障、站台门自控系统故障等情况，站台工作人员可通过 PSL 对滑动门进行开门、关门操作，实现站台门的站台级控制。

2）当个别滑动门由于故障无法发出"关闭且锁紧"信号时，站台工作人员在人为保障安全的条件下，即在确认没有乘客或物体夹在滑动门中间后，站台工作人员通过专用钥匙操作位于 PSL 上的"互锁解除"开关，向信号系统发送允许列车离开站台指令，允许列车离站。

（3）站台门手动级控制（LCB）。手动操作是由站台人员或乘客对站台门进行的操作。当控制系统电源故障或个别站台门操作机构发生故障时，站台工作人员可在站台侧用"专用钥匙"或乘客在轨道侧通过"开门把手"打开站台门。

手动级操作控制有以下四种方式：

1）在维修测试情况下，单扇门操作由维保人员使用就地控制盒 LCB 开、关滑动门，LCB 一般位于顶箱门梢下方，LCB 设"手动""自动""隔离"三个挡位（见图 4-6）。

图 4-6　就地控制盘 LCB

a. 当转换开关处于"手动"位置时，维修人员可操作顶箱内的开关门按钮进行手动操作。

b. 当转换开关处于"自动"位置时，允许门控单元接收中央控制盘的"开门命令"与"关门命令"。

c. 当转换开关处于"隔离"位置时，单个滑动门单元与系统隔离，隔断本单元的电力供应，不影响整个系统的正常工作，便于维修。

2）当个别滑动门发生故障时，站台工作人员根据需要，在站台侧使用专用钥匙打开滑动门。

3）站台人员可根据需要在站台侧用专用钥匙打开应急门和端头门，但打开应急门时必须确认行车安全。

4）在轨道侧可用手动方式打开滑动门，通过推杆打开应急门与端门。

3. 站台门操作方式

（1）在正常运行模式下，站台门接收列车司机或 ATC 发出的指令，与车门同时执行开/关门操作。

（2）当列车司机无法将列车停在规定的范围内且偏离量不多而乘客仍能从滑动门中进出时，或站台门控制系统与信号 ATC 之间发生通信故障等情况时，则可操作 PSL 开/关滑动门。当列车司机无法将列车停在规定的范围内且偏离量较大而乘客不能从滑动门中进出时，则引导乘客从应急门进行疏散。

（3）当个别门故障又一时难以修复时，则由站台门上方的就地控制盒，将该滑动门的控制与整个系统脱开或隔离，不影响其他门的动作。

（4）如果滑动门在关闭过程中检测到有人或物被夹（检测到障碍物），则该滑动门立即停止关闭并自动弹开，然后重新关闭，若重复 3 次障碍物仍存在，门仍无法完全关闭并锁紧，则该滑动门自动打开，并报警。

（5）在轨道侧通过把手、在站台侧通过专用钥匙打开/关闭滑动门。

（6）在列车火灾时，可在 IBP 盘上操作开门钥匙开关，打开滑动门疏散乘客；在站台发生火灾时，可配合通风空调排烟模式进行排烟。

4. 站台门系统突发关门故障应急处置

站台门系统突发关门故障的应急处置程序如表4-10所示。

表4-10　列车发车前滑动门不能正常关闭各岗位处理程序

岗位类别	各岗位处理程序
站台岗	（1）单个门故障时，将故障门隔离（旁路），向司机显示好了信号，待发车后手动将门关闭，并粘贴告示。无法旁路时，先显示好了信号，发车后再处理。 （2）两挡以上门故障时，立即报告车控室，对开启的滑动门设置安全防护。开启的滑动门做好安全防护（或者人工看护）后，向司机显示好了信号。待列车出发后将故障门隔离（旁路）和手站台岗动关闭，并张贴故障告示。 （3）两挡以上门不能关闭时，将就近的一挡门隔离（旁路）后，手动将其关闭。到另一挡故障门确认无夹人夹物后，向司机显示好了信号，待发车后将其隔离（旁路）和手动关闭，并张贴故障告示。 （4）对手动的不能关闭的滑动门，加设安全防护栏，并加强监督防护
行车值班员	（1）通报行车调度员、维修承包商和维修调度员行车值班员； （2）后续列车加强车站站台乘客广播，引导乘客从正常门上车
值班站长	（1）多挡滑动门故障时，组织人员协助设置安全防护栏或人工看护值班站长； （2）组织人员对开启的滑动门加强监督防护
司机	（1）报告行车调度员司机； （2）凭站台岗手信号动车

四、预习要求

站台安全门系统是从 20 世纪 80 年代开始应用于地铁、轻轨等轨道交通系统中的新兴机电设备。安全门系统安装在站台边缘，将站台区域与轨道区域隔开并形成一道屏障，为乘客提供一个更安全、更安静、更舒适的乘坐环境，特别是安全门与列车门采用联锁开启和关闭后，明显降低了地铁运营者工作强度，节约了运营成本。

1. 站台门功能

（1）提高运营安全。

1）安全门可以防止乘客或物品因车站客流拥挤或其他原因落入轨道，从而杜绝因此引发的事故、延迟运营与增加额外成本。

2）减少列车运行噪声及活塞风对站台候车乘客的影响。

3）避免非工作人员进入隧道。

（2）改善站台环境。

1）使站台区域更加舒适、美观，隔声、隔热效果好。

2）安全门可采用一体化的信息、广告显示屏，达到资源的最大化利用，同时对车站整体空间布置进行简化。

（3）节约能耗和运营成本。

1）减少站台区与轨道区之间气流的交换，通过对地下车站通风空调制式的改变（由闭式系统转为开式系统），降低通风空调系统的运营能耗。

2）在火灾或其他故障模式下，可以配合相关系统进行联动控制。

3）减少站台边缘区域站务人员的数量，更好地管理乘客：当列车停靠在正确的位置上，乘客可有序进入列车或站台。

2. 站台门设置原则

（1）站台门系统的设置应满足地铁车辆、信号条件和运营要求以及列车停车精度的要求。

（2）列车车体不接地时，站台门站台构建必须进行绝缘设计。

（3）站台门原则上设置在车站有效站台长度范围内；站台门轨侧外沿在任何情况下不得侵入车辆接近限界，以保证列车的行车安全；站台门滑动门打开后不超出站台门的纵向限界（总长度）。

（4）站台门原则上设在车站有效站台长度范围内，以有效站台中心线为中心向站台两端对称布置。部分车站卫生间或残疾人电梯设置在有效站台以外，站台门延长到将卫生间和残疾人电梯包括在围合范围以内。

（5）应当设置自动或手动开启或关闭滑动门装置。

（6）在任何条件下必须保证能在站台侧或轨道侧手动打开或关闭每一扇滑动门。

（7）PSL（屏蔽门就地控制盘）的设置方便列车司机操作但不影响列车司机对站台门的瞭望。

（8）全高式站台门及站台门的顶箱面板兼作车站导向标识牌。

（9）最大运行强度每天至少每2分钟开闭1次，每天连续运行20小时，每年连续运行365天，没有间隔和断续。

（10）滑动门开、关门运动应平稳，不产生失控或抖动现象。开启后、关闭前的过程中应有缓冲停顿动作。

3. 安全门系统分类

从安全门系统应用场合的密封程度，可以分为封闭式安全门、全高式安全门、半高式安全门；其中全高式安全门和半高式安全门属于开放式安全门。

（1）封闭式安全门。封闭式安全门安装于地铁车站，全封闭，具有密封性能的轨道交通站台安全门系统，通常被称作屏蔽门。屏蔽式安全门系统是一道自上而下的全封闭玻璃隔断墙，门体顶部与站厅底面之间无空隙，将站台区域与列车区域完全分隔开来。其提供良好的空气密封性，减少空调的能量消耗，降低运营成本；并且提供站台声音阻隔，降低车辆噪声和站台上的活塞风效应，为乘客构造一个舒适、安全、美观的候车环境。

（2）全高式安全门。全高式安全门安装于地铁、轻轨等交通车站，门体结构超过人体高度，门体顶部距离站厅底面之间有一段不封闭空间，不具有密封性能的轨道交通站台安全门，其总体高度为2050mm。

与屏蔽式安全门系统相比较，两者的结构形式基本相同，只是全高式安全门系统的上部不封闭，门体的下部可以根据需要设置通风口。全高安全门除不能实现站台与轨道区间的密封隔离以外，全高式安全门系统和屏蔽式安全门系统具有相同的优点；其可比较容易地升级为屏蔽式安全门系统。

（3）半高式安全门。半高式安全门主要安装于地铁、轻轨等轨道交通地面或高架车站，门体结构不超过人体高度，不具有密封性能的轨道交通站台安全门，其总体高度一般为1.2~1.7m，安装在站台边缘，将站台区域与轨道区域分隔开来，主要目的就是提高安全性。与前两种形式相比，此种安全门安装简单快捷，与土木建筑工程接口较少，造价低，建设周期短。

4. 站台门系统的安全隐患

站台门系统故障主要会带来下列安全隐患：

（1）站台门突然开关，导致乘客跌落站台。

（2）站台门玻璃脱落，玻璃碎渣砸伤乘客或者掉入轨道影响行车安全。

（3）站台门倒塌，导致乘客跌落站台。

（4）站台门漏电，乘客触电。

（5）站台门门槛突起，导致乘客上下车被绊倒。

（6）应急门无法打开，紧急情况下导致疏散受阻。

（7）滑动门无法打开，影响乘客的上下车，导致列车晚点。

（8）端头门被列车进入站台时产生的气压推倒，使乘客和站务员掉入路轨，造成危险。

（9）站台门振荡，导致列车与站台门碰撞，造成乘客及员工受伤或死亡。

（10）站台门突然燃烧冒烟，导致站台失火，引起人员的伤亡。

（11）乘客被站台门和车门夹住或撞击，正常情况下影响乘客的上下车，延误列车运行；紧急情况下延误疏散。

（12）站台门在无列车进入站台时开启，导致乘客或员工跌落轨道。

5. 实验设备使用及操作要求。

本实验使用《城轨运营综合仿真实训系统》，系统综合利用了计算机信息技术领域中最具发展潜力的网络技术、虚拟仿真技术、微机测控技术、多媒体技术四大技术，完全在计算机上构建了一个接近真实的学习、实训环境（设备及操作说明详见《ATS 操作说明手册——站台门》）。

五、实验内容与实验过程

本次实验主要锻炼学生对于不同岗位作业人员在站台门故障下，针对不同故障情景下的应急处置能力。主要涉及运营调度员、列车司机、行车值班员、站务员，其具体岗位设置如图 4-7 所示：

图 4-7 行车岗位设置

注：①为运营调度员；②为列车司机；③为行车值班员1；④为行车值班员2；⑤为站务员1；⑥为站务员2。

实验场景1：单个站台门不能关闭

设定本次场景为突发单个站台门未正常关闭故障的列车关门作业，具体操作流程如表4-11所示。

表 4-11 实验场景1操作流程

操作序号	操作岗位	作业内容与流程	操作评价
1	调度员 行车值班员1	调度员、行车值班员1从ATS面板上监控到站台门系统的红色报警信息，确认故障站台门编号	
	行车值班员1	行车值班员1将屏蔽闭门故障信息传达给行车值班员2"××号站台门不能关闭"	
2	调度员	拨打行车值班员电话，确认站台门故障信息，要求尽快处置"确认是否为××号站台门无法打开"	
	行车值班员2	与调度员核对故障站台门信息"××号站台门无法打开"	
	调度员	回复"请尽快处置"挂断电话	
3	行车值班员2	通过对讲机令站务员1、2赶至故障站台门处，要求站务员检查站台门是否存在夹人夹物情况，如有异物将异物清除	
4	站务员1	赶至故障站台门处，检查站台门是否存在夹人夹物情况，将情况通过对讲机汇报行车值班员：站台门无（有）异物	
	行车值班员2	要求站务员1尽快处置	

续表

操作序号	操作岗位	作业内容与流程	操作评价
5	站务员 1	进行现场处置，旁路故障门：将 LCB 打至手动关位，确认故障门关闭	
6	站务员 2	信息传递：通过对讲机将站台门关闭信息传递给列车司机以及行车值班员 2 "站台门已关闭"	
7	列车司机	回复"收到"，发车（系统自动）	
	行车值班员 2	回复"收到"	
8	站务员 1	待列车出清站台，将 LCB 恢复至自动位	
结束			

实验场景 2：两个站台门不能关闭

本次场景的考核为：突发两个站台门未正常关闭故障的列车关门作业，具体操作流程如表 4-12 所示。

表 4-12　实验场景 2 操作流程

操作序号	操作岗位	作业内容与流程	操作评价
1	调度员 行车值班员 1	调度员、行车值班员 1 从 ATS 面板上监控到站台门系统的红色报警信息，确认故障站台门编号	
	行车值班员 1	行车值班员 1 将屏蔽闭门故障信息传达给行车值班员 2："××号及××号站台门不能关闭"	
2	调度员	拨打行车值班员电话，确认站台门故障信息："确认是否为××号及××号站台门无法打开"	
	行车值班员 2	与调度员核对故障站台门信息："××号及××号站台门无法打开"	
	调度员	命令："请尽快处置"并挂断电话	
3	行车值班员 2	通过对讲机令站务员 1、2 赶至故障站台门处，要求站务员检查站台门是否存在夹人夹物情况，如有异物将异物清除	
4	站务员 1	赶至故障站台门处，检查站台门是否存在夹人夹物情况，将情况通过对讲机汇报行车值班员：站台门无（有）异物	
	行车值班员 2	要求站务员 1：尽快处置	
5	站务员 1	进行现场处置，旁路故障门 2 扇：将 LCB 打至手动关位，确认故障门关闭	
6	站务员 2	信息传递：通过对讲机将站台门关闭信息传递给列车司机以及行车值班员 2 "站台门已关闭"	
7	站务员 2	将 PSL 钥匙开关旋转至互锁解除位，并保持互锁解除位	
8	站务员 1	通知司机"站台门已关闭，互锁解除已开启，可以发车"	

续表

操作序号	操作岗位	作业内容与流程	操作评价
9	列车司机	回复"收到",发车（系统自动）	
10	行车值班员 1	观察 ATS 面板上列车运行情况,待列车出清站台,通知站务员 2"上行可以停止互锁解除"	
11	站务员 1	将 LCB 恢复至自动位	
结束			

六、实验结果分析要求

（1）请详细描述小组完成两个实验场景的应急处置过程。

（2）请详细说明自己所在岗位在站台门应急处置过程中的关键职责,与哪些岗位进行了哪些信息交互、联动作业?

（3）请描述小组实验过程中是否存在应急处置不力以及影响行车安全的问题?

七、思考题

（1）轨道交通站台门故障可能导致哪些运营影响?

（2）结合实验及查阅相关资料:一旦发生站台门故障导致夹人夹物情况发生,各行车岗位作业人员应如何做出应急处置和运营调整?

第五节 列车故障救援应急处置实验

一、实验目的与实验要求

1. 实验目的

运用虚拟仿真系统,完成列车故障场景的应急处置仿真模拟操作。

2. 实验要求

掌握列车故障救援的处理原则、应急处置方式与工作程序,运营延误或中断情况下的运营调整模式,并按照演练步骤完成仿真的模拟演练。

二、实验设备

虚实融合的城市轨道行车综合实验教学设备包含城市轨道行车综合实体实验室和基于动态场景的轨道交通行车调度虚拟仿真实验软件，满足城市轨道行车综合实验教学需求，实现对调度应急处置情况下的线路运行情况进行模拟和显示，并对调度应急处置方案进行推演和分析。

1. 基于动态场景的轨道交通行车调度虚拟仿真实验教师系统

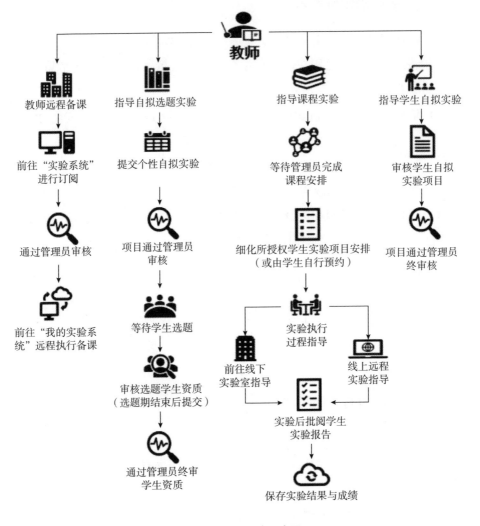

图 4-8 教师系统示意图

2. 基于动态场景的轨道交通行车调度虚拟仿真实验学生系统

图 4-9　学生系统示意图（1）

图 4-10　学生系统示意图（2）

3. 基于动态场景的轨道交通行车调度虚拟仿真实验专业软件

（1）轨道交通行车全过程虚拟仿真三维实验系统。采用 3DMax 建模软件创建三维场景及各类设备、工具模型，最大限度还原上海申通地铁全网集中调度 3C 大厅实验场景（见图 4-11）。

图 4-11　全网集中调度 3C 大厅

（2）基于动态场景的轨道交通行车调度虚拟仿真实验盘实验系统（见图 4-12）。

图 4-12　故障恢复实验仿真平台

三、实验原理

设置列车在车站故障，由司机故障应急处置，在规定时间内未能排除故障且不能动车，由故障车司机上报行车调度员，并做好救援的防护连挂工作。应用思维导图预设调度应急处置中的调度指挥、多岗位信息联动、调度命令发布与执行、行车组织调整的作业参数（见图 4-13）。

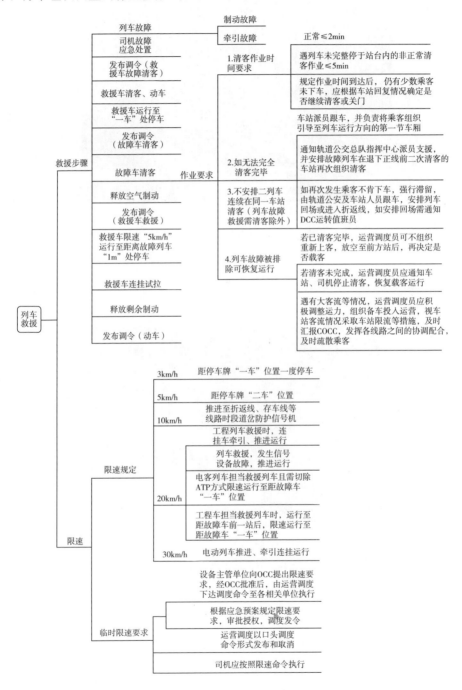

图 4-13 列车故障救援处置流程

四、预习要求

（1）列车故障救援的应急处置工作原则。

（2）列车故障救援的应急处置工作程序。

五、实验内容与实验过程

1. 实验方法描述

学生登录本虚拟仿真实验系统后，按照设备认知学习—系统操作—应急处置—考核评价四个环节逐步渐进学习。

第一环节：认知学习。

对应知识点：熟悉轨道交通调度控制大厅行车相关设备、行车调度员岗位作业要求（见图4-14）。

图 4-14 调度控制大厅行车设备

第二环节：系统操作。

对应知识点：熟悉集中站车站值班员人机界面介绍（见图4-15），设置站控、中控、紧急站控，以及中央放权、车站要权、非常站控等操作。

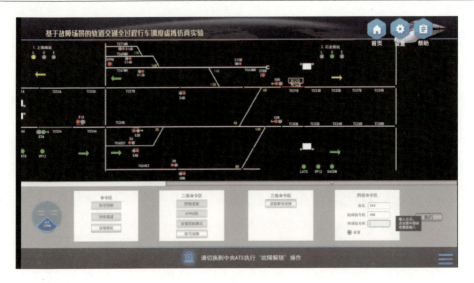

图 4-15　行车作业操作面板

第三环节：应急处置。

对应知识点：扣车、调整始发站发车、调整运行等级（调整区间运行时分）、调整停站时间、运休列车（收车）、加开列车、列车替开、变更交路、变更折返模式、载客调停、列车清客等作业。

提前设置列车在车站故障，运营调度安排故障车司机应急排故，但故障车司机在规定时间内未能排除故障且不能动车，运营调度向线路调度长申请授权后，向故障列车司机、救援列车司机、清客车站行车值班员发布列车救援命令，布置实施列车救援作业。

实验过程中，学生通过 ATS 调度控制界面来进行信息接收、调令发布，以及故障救援和行车组织的调度调整处置操作，实现多工种联动协作（见图 4-16）。

第四环节：考核评价。

通过自测，检验故障处置学习效果（见图 4-17）。

2. 学生交互性操作步骤说明

实验交互性操作主要体现在"设备操作"和"应急处置"两个模块。

以列车故障救援场景作为案例，列车救援故障处置 32 步，其中交互性操作12 步（见表 4-13）。

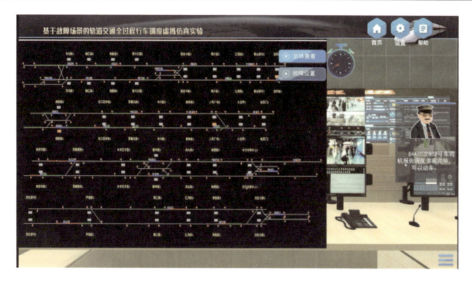

图 4-16　故障处置多工种岗位联动

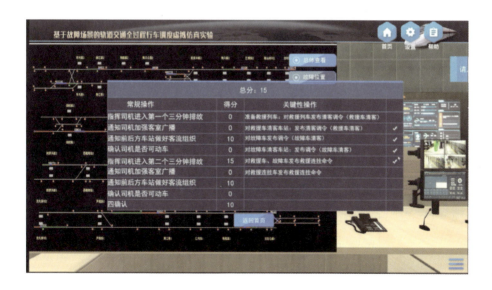

图 4-17　实验系统的考核评价

学生交互性操作步骤示例，其中学习模式下交互式调度命令用选择方式，考核模式下交互式调度命令用关键信息填空方式。

表4-13 列车故障救援（站台）实验交互操作流程

实验环节	实验过程	时间点	应急操作流程	系统显示	具体实验操作项点	操作类型
实验启动		10：00：00	实验启动		点击"实验开始"按钮	
列车故障发生	ATS监控面板发现列车出站无法启动	10：02：27	监控ATS面板列车运行情况	无须操作，提醒学员观看ATS监控界面中列车运行		
	司机报告列车故障信息	10：02：27	系统自动执行环节	无线话筒："82124次801号车司机呼叫调度西藏北路站上行出站列车跳了个高速开关故障，现在列车无法启动，处理一下。"【话筒旁弹出文本提示】		
故障应急处置	指挥司机进入第一个3分钟排故	截至10：03：30	2.1 通过无线对讲话筒通知司机进入第一个3分钟排故	若到达截止时刻未执行操作，视频暂停，提醒"未及时完成排故操作"系统将自动执行指令，系统自动完成具体实验操作项点内容后，视频恢复播放	点击无线话筒，弹出文本框，输入："82124次801号车司机请进入第一个3分钟排故。"	排故指挥
	通知司机加强客室广播	10：03：30～ 10：06：30 完成	2.2 通过无线对讲话筒通知司机加强客室广播		点击无线话筒，弹出文本框，输入："82124次801号车司机，请加强客室广播，通知乘客列车故障。"	口头通知
	通知前后方车站做好客流组织		2.3 通过公务电话通知前后方车站，做好车站客流组织		点击公务电话，弹出文本框，输入："82124次801号车在西藏北路站发生故障，请前后方相关车站做好客流组织和疏导。"	口头通知

续表

实验环节	实验过程	时间点	应急操作流程	系统显示	具体实验操作项点	操作类型
	监控线路列车运行情况，及时做出运营调整		2.4　监控 ATS 面板列车运行情况，对前、后方列车进行扣停	ATS 面板旁弹出提示对话框"请及时监控列车运行情况"		
	确认司机是否可动车	截至 10:06:45	2.5　通过无线对讲话筒向司机确认动车状况	若到达截止时刻未执行操作，视频暂停，提醒"未及时完成与司机信息确认，系统将自动执行操作" 系统自动完成具体实验操作项点内容后，视频恢复播放	点击无线话筒，弹出文本框，输入："8124次 801 号车现在是否可动车?"	现场联动
	司机报告列车故障信息		2.6　完成后系统自动执行环节	无线话筒："8124次 801 号车司机报告调度现在列车仍无法动车【话筒旁弹出文本提示】		
	指挥司机进入第二个 3分钟排故	截至 10:07:30	2.7　通过无线对讲话筒通知司机进入第二个 3分钟排故	若到达截止时刻未执行操作，系统自动完成排故指令，系统将自动执行，提醒"未及时完成排故操作" 系统自动完成具体实验操作项点内容后，视频恢复播放	点击无线话筒，弹出文本框，输入："8124次 801 号车进入第二个 3分钟排故"	排故指挥
故障应急处置	通知司机加强客室广播	10:07:30~10:10:30	2.8　通过无线对讲话筒通知司机加强客室广播		点击无线话筒，弹出文本框，输入："8124次 801 号车司机，请加强客室广播，通知乘客列车故障"	口头通知
	通知前后方车站做好客流组织	10:10:30 完成	2.9　通过公务电话通知前后方相关车站，做好车站客流组织		点击公务电话，弹出文本框，输入："8124次 801 号车在西藏北路站发生故障，请前方车站做好客流组织和疏导。"	口头通知

续表

实验环节	实验过程	时间点	应急操作流程	系统显示	具体实验操作项点	操作类型
故障应急处置	准备救援列车：对救援车发布清客调令（救援车清客）	10：07：30~ 10：08：30	2.10 通过无线对讲话筒向救援车发布清客备命令	若到达截止时刻未执行操作，系统将提醒"未及时完成救援车清客操作"系统自动完成具体实验操作项点内容后，视频恢复播放	点击无线话筒，弹出文本框，输入所要发布的口头调令内容："命令号101，令84430次802号车在虹口足球场站上行清客，以Close-in模式运行距站停车，'一车'位置停车，故障车82124次801号车在西藏北路站上行出站。"	发布调令
	对救援车清客：发布清客调令（救援车清客）	完成2.9 后执行	2.11 通过公务电话向救援车清客车站发布清客命令		点击公务电话，弹出文本框，输入所要发布的口头调令内容："命令号101，令84430次802号车在虹口足球场站上行清客。"	发布调令
	救援车清客，司机报告清客完毕	10：10：30	系统自动执行环节	无线话筒："84430次802号车司机报告调度清客完毕，可以动车。"【话筒旁弹出文本提示】	无须操作，观看ATS监控界面及弹出视频	
	救援车运行"一车"处停车		系统自动执行环节		无须操作，观看ATS监控界面及弹出视频	
	监控线路列车运行情况，及时做出运营调整		2.12 监控ATS面板列车运行情况，对前后方列车进行扣停	ATS面板旁弹出提示对话框"请及时监控列车运行情况"		

续表

实验环节	实验过程	时间点	应急操作流程	系统显示	具体实验操作项点	操作类型
故障应急处置	确认司机是否可动车	截至 10:10:45	2.13 通过无线对讲话筒向司机确认列车行状况	若到达截止时刻未执行操作，视频暂停，提醒"未及时完成排故操作"，系统将自动执行指令	点击无线话筒本框，输入："82124次801号车现在时间已到，是否可动车？"	现场联动
	司机报告列车故障信息		2.14 完成后系统自动执行行环节	无线话筒："82124次801号车仍在列车旁弹出文本提示【话筒旁弹出文本提示】"		
	四确认	10:10:45~10:11:45	2.15 通过无线对讲话筒与司机进行四确认	若到达截止时刻未完成动执行操作，视频暂停，提醒"未及时完成动执行操作"，系统自动完成具体实验操作项点内容后，视频恢复播放	点击无线话筒，弹出文本框，输入："82124次801号车，是否按排故流程执行，手柄是否推到位、网压是否正常，ATP是否切除？"	现场联动
	司机报告列车故障信息		2.16 完成后系统自动执行行环节	无线话筒："82124次801号车已按排故流程执行，手柄执行到位，ATP已切除，网压正常，现在列车推到位、网压正常，82124次801号车仍无法动车"【话筒旁弹出文本提示】		
	对故障车发布调令（故障车清客）	10:11:45~10:12:45	2.17 通过无线对讲话筒向故障车发布清客命令	若到达截止时刻未执行操作，视频暂停，提醒"未及时完成故障车清客"，系统将自动执行操作	点击无线话筒框，输入所要发布的口头调令内容："命令号102，令82124次801号车在西藏北路站上行清客。"	发布调令
	对故障车清客发布调令（故障车清客）	完成2.14后执行	2.18 通过公务电话向故障车清客发布清客命令	系统自动完成具体实验操作项点内容后，视频恢复播放	点击公务电话，弹出文本框，输入所要发布的口头调令内容："命令号102，令82124次801号车在西藏北路站上行清客。"	发布调令

续表

实验环节	实验过程	时间点	应急操作流程	系统显示	具体实验操作项点	操作类型
故障应急处置	故障车司机报告列车故障车清客完毕	10：14：45	系统自动反馈	无线话筒："82124次801号车司机报告调度清客完毕。"【话筒旁弹出文本提示】		发布调令
	对救援车、故障车发布救援连挂命令	10：14：45~15：45	2.19 通过无线对讲话筒向救援车、故障车清客车站发布救援连挂命令	若到达截止时刻未执行操作，视频暂停，提醒"未及时完成救援连挂操作"，系统将自动执行操作。系统自动完成具体实验操作项点内容后，视频恢复播放	点击无线话筒，弹出文本框，输入所要发布的口头调令内容："命令号103，调令8430次801号车与故障车实施救援作业。"	
	救援车限速"5km/h"运行至距离故障列车"1m"处停车	10：15：50	系统自动反馈	无线话筒："救援车动车，以限速'5km/h'运行至距离故障列车'1m'处停车L。"		
		10：16：20	系统自动反馈	无线话筒："救援车到达距离故障列车'1m'处停车。"		
	救援车连挂试拉	10：16：25	系统自动反馈	无线话筒："救援车准备连挂试拉。"		
		10：19：00	系统自动反馈	无线话筒："连挂完成。"		
	释放剩余制动	10：19：05	系统自动反馈	无线话筒："释放剩余制动。"		
	救援连挂作业完成	10：21：00	系统自动反馈	无线话筒："连挂完毕，试拉完成，具备动车条件。"		
	对救援连挂发布命令	10：21：00~22：00	2.20 通过无线对讲话筒发布救援连挂动车命令	若到达截止时刻未执行操作，视频暂停，提醒"未及时完成救援连挂动车操作"。系统自动完成具体实验操作项点内容后，视频恢复播放	点击无线话筒，弹出命令发布的口头调令："命令号104，令救援连挂车开999次，切除ATP方式推进至中兴路站。"	发布调令
运营恢复调整	监控线路列车运行情况，及时做出运营调整	完成2.17后	2.21 监控ATS面板列车运行情况，对前、后方列车进行调整	ATS面板旁弹出提示对话框"请及时监控列车运行情况"		

步骤 1：发现故障。

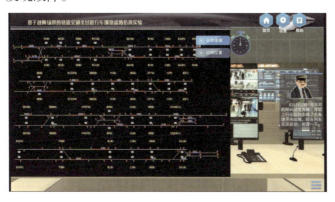

图 4-18 发现故障

步骤 2：指挥司机进行第一个三分钟排故。

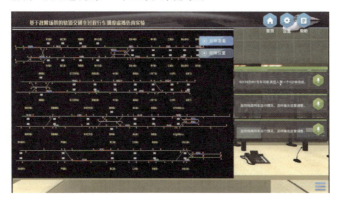

图 4-19 第一个三分钟排故

步骤 3：通知司机加强客室广播，通知前后车站做好客流组织。

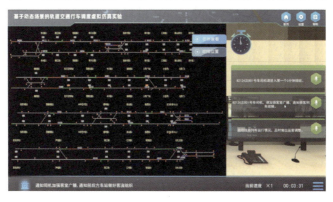

图 4-20 通知司机加强客室广播

步骤 4：与司机确认是否可动车。

图 4-21　与司机确认是否可动车

步骤 5：指挥司机进入第二个三分钟排故。

图 4-22　第二个三分钟排故

步骤 6：对救援车和请客车站发布清客调令。

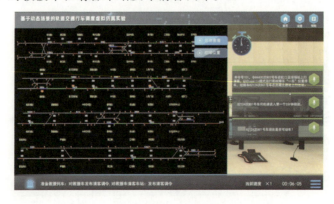

图 4-23　对救援车和请客车站发布清客调令

步骤7：再次与司机确认是否可动车。

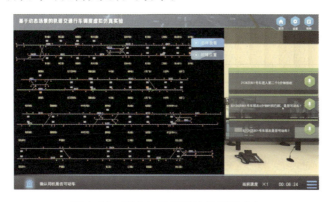

图 4-24 再次与司机确认是否可动车

步骤8：确认 ATP、手柄及网压情况。

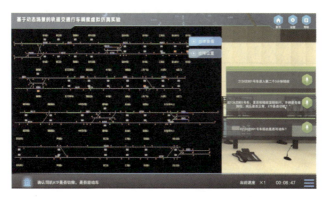

图 4-25 确认 ATP、手柄及网压情况

步骤9：重新发布调令。

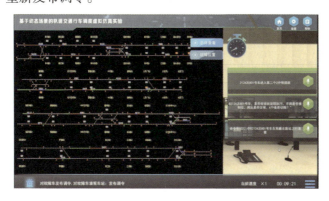

图 4-26 重新发布调令

步骤 10：对救援车和故障车发布连挂调令。

图 4-27　对救援车和故障车发布连挂调令

步骤 11：确认是否具备动车条件。

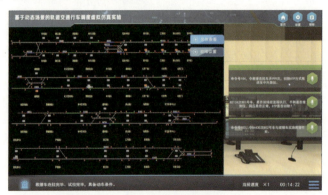

图 4-28　确认是否具备动车条件

步骤 12：故障处理完毕。

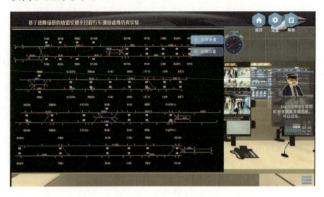

图 4-29　故障处理完毕

六、实验结果分析要求

1. 是否记录每步实验结果：☑是　□否

2. 实验结果与结论要求：☑实验报告　☑心得体会　□其他

3. 实验考核方案

实验考核包括：形成性评价依据（实验过程设计、实验过程记录、实验小组分工、系统操作分数）和终结性评价依据（实验报告、实验指标等）相结合。

（1）教学。本课程采用直观演示、操作与教师讲授相结合的方法让学生通过观察获得感性认识、了解ATS系统在实际行车调度中的应用。例如，《设置控制模式》实验包括熟悉集中站车站值班员人机界面，并进行设置站控、中控、紧急站控，以及各控制模式的转换以及终端站的折返模式的设置与调整和信号机的设置。轨道调度的整个过程拆分和细化，并按照顺序演示，搭配相应的文字说明，能够将地铁调度的知识点和行业信息，准确地传达给学生。

（2）练习。在不同区间，提前设置列车在车站故障，运营调度安排故障车司机应急排故，但故障车司机在规定时间内未能排除故障且不能动车，运营调度向线路调度长申请授权后，向故障列车司机、救援列车司机、清客车站行车值班员发布列车救援命令，布置实施列车救援作业。

实验过程中，由实验系统自动完成驾驶员应急处置、列车救援等操作控制，学生通过ATS调度控制界面来进行信息接收、调令发布，以及故障救援和行车组织的调度调整处置操作。

教学内容中，调度软件操作的流程，都可反复操作和练习，如有错误应有相应的提示。

（3）考核。

1）操作自动计分。检验学生的学习成果，在无任何提示的情况下，在该系统内完成地铁运行调整和故障调度，对操作的结果（学生进行填写）有记录和考点设计机制，通过对记录和考点操作的统计，能够形成分值和报告（见表4-14）。

表4-14 列车故障救援（站台）实验操作打分表

序号	作业程序	作业内容	配分	评分标准	扣分	得分
1	司机故障应急处置	司机报告列车故障 1. 查看故障列车位置：区间/站台	17	1. 未查看列车故障位置或判断列车故障位置错误，扣4分		
		2. 询问故障车司机：ATO/ATO模式能否动车		2. 未及时询问故障车司机能否动车，扣2分		
		3. 向故障车司机发布口头命令：进入第一个三分钟排故		3. 未及时安排故障车进入第一个三分钟排故，扣2分		
		4. 向故障车司机发布口头命令：进入第二个三分钟排故		4. 通知司机进入第二个三分钟排故的时间点不符合要求，扣3分		
		5. 与故障车司机确认排故结果：确认四确认情况，判断故障车能否动车		5. 遗漏与司机确认的情况，没有及时了解列车排故情况，扣4分		
		6. 通知故障车司机：加强客室广播		6. 未通知司机加强客室广播，扣2分		
2	发布调令（救援车清客）	1. 向救援车发布口头清客命令："命令号＊＊＊，令＊＊＊＊号车在＊＊＊＊站上/下行清客。"	9	1. 调度命令发布内容不规范或有误，扣4分；未在规定时间点发布调令，扣3分		
		2. 确认：救援车司机复诵		2. 未确认调令复诵，扣2分		
3	救援车清客、动车	1. 确认：救援列车清客完毕		1. 超过正常清客时间2min，扣3分；未确认救援车清客情况扣2分		
		2. 盯控：救援车运行情况		2. 未盯控救援车运行情况，扣2分		
4	救援车运行"一车"处停车	1. 向救援车发布口头命令："命令号＊＊＊，令＊＊＊号车以切除ATP方式限速20km/h/close-in/授权/RMF模式运行距离故障车"一车"位置停车后与故障车实施救援作业，故障车＊＊＊＊号车在＊＊＊站至＊＊站上/下行＊＊＊处。"	6	1. 调令发布内容不规范或有误，扣4分		
		2. 确认：确认救援列车到达"一车"处		2. 未确认救援车是否到达"一车"处，扣2分		
5	发布调令（故障车清客）	向故障车发布清客口头命令："命令号＊＊＊，令＊＊＊＊号车在＊＊＊＊站上/下行清客。"	4	调令发布内容不规范或有误，扣4分		

续表

序号	作业程序	作业内容	配分	评分标准	扣分	得分
6	故障车清客	确认：故障车请客完毕	4	超过正常清客时间2min，扣2分；未确认救援车清客情况扣2分		
7	释放空气制动	确认：故障车释放空气制动	2	未确认故障车释放空气制动，扣2分		
8	发布调令（救援车救援）	1. 向救援列车发布口头命令："命令号＊＊＊，令＊＊号车与故障车实施救援作业。"	10	1. 调令发布内容不规范或有误，扣4分		
		2. 通知故障车、救援车司机：将对讲机调至救援组		2. 未通知故障车、救援车司机将对讲机切换至救援组，扣4分		
		3. 确认：救援车、故障车司机对讲机已进入救援组		3. 未进行确认，扣2分		
9	救援车限速"5km/h"运行至距离故障列车"1m"处停车	确认：救援车"1m"位置	2	未进行确认，扣2分		
10	救援车连挂试拉	1. 确认：通过对讲机了解救援连挂实施进度	4	1. 未进行确认，扣2分		
		2. 确认：确认救援连挂列车具备动车条件		2. 未进行确认，扣2分		
11	释放剩余制动	确认：故障车释放剩余制动	2	未进行确认，扣2分		
12	发布调令（动车）	1. 安全距离确认：与前行列车的安全距离不得小于一站一区间	33	1. 安全距离设置错误，扣10分		
		2. 开通进路：列车至授权运行终点的进路（含防护进路）应开通；道岔应位置正确并锁闭		2. 进路开通错误或道岔未锁闭，扣10分		
		3. 审批授权：向司机发布口头命令："命令号＊＊＊，令救援连挂列车开999次，切除ATP方式推进/牵引至＊＊＊处。"		3. 未向线路调度长申请审批或申请对象错误，扣5分；调令发布内容不规范或有误，扣4分		
		4. 确认：救援连挂列车复诵命令		4. 未进行确认，扣2分		
		5. 盯控：全程监控切除ATP运行的列车，做到专人操作、专人监控		5. 未对救援连挂列车运行进行盯控，扣2分		
合计			100			

2）完成实验过程报告。简要说明实验目的、相关行车组织的理论；描述实验的设计思路和设计步骤；分析与评价实验的过程与结果；实验反思。

七、思考题

（1）"四确认"是在哪个环节？确认哪些内容？

（2）列车故障救援作业中的司机通信应采用无线手持台中的哪种方式？

（3）故障车、救援车的清客时机、地点有什么要求？

第六节 大客流应急处置实验

一、实验目的与实验要求

1. 实验目的

通过学习城市轨道交通客运组织相关知识、突发大客流应急处置预案等内容，使学生对轨道交通车站岗位职责、基本操作、业务流程、信息传递有系统性认识；在此基础上，通过分组实验完成城市轨道交通车站突发大客流应急预案演练的桌面推演，使学生掌握应急协同、客流引导等相关作业要求，提升应急处置能力。

2. 实验要求

在城市轨道交通车站某一运营时段内乘客集中滞留且有持续增长趋势情况下，启动大客流应急处置预案，进行大客流应急处置操作。学生需在演练正式开始前进行分组，定岗定人，按照演练步骤完成桌面推演，演练过程中填写应急预案演练过程记录表，并对演练效果进行评价打分。

二、实验原理

1. 城市轨道交通突发大客流及其成因

轨道交通区域大客流，主要是指在轨道交通车站某一运营时段内客流集中到达造成候车、停留的乘客达到该站站台、站厅、上下楼梯、出入口、换乘通道等公共区域的设计容量，且有持续增加趋势，如不采取紧急措施，极有可能引发人员拥挤、踩踏等伤亡事故或意外事件等情况。

大客流形成的原因包括但不限于：

（1）因列车运能与站内候车、停留的乘客数量不匹配，造成车站内客流短时间集聚。如工作日早晚高峰、节假日、各类重大活动引发的爆发性客流等。

（2）因设备条件限制或通行能力不足，造成车站局部区域瞬时客流积压。如上下行列车同时到达站台、楼扶梯口客流积压、换乘通道处客流交汇等。

（3）因列车、车站等突发故障或事故（件），造成站台、站厅、出入口、闸机等区域客流积压。如满载列车瞬时清客、设施设备故障造成列车运营延误或车站瞬时大客流等。

（4）因台风、暴雨、暴雪、雷电等极端天气，造成站厅、站台、出入口等局部区域乘客滞留积压。

（5）因火警（火情）、刑事（治安）案（事）件、个人极端肇事肇祸、恐怖袭击等突发案（事）件造成的车站乘客滞留积压。

综合上述情况，城市轨道交通大客流的成因是多方面的，城市轨道交通系统的规划和运营需要考虑这些因素，以便更好地满足城市居民的出行需求。

2. 城市轨道交通突发事件应急预案

应急预案指面对突发事件（如自然灾害、重特大事故、环境公害及人为破坏）的应急管理、指挥、救援计划。城市轨道交通运营突发事件应急预案的建立是为应对和完善应急处置工作机制，从而科学有序高效应对运营突发事件，最大程度减少人员伤亡和财产损失，维护社会正常秩序。

城市轨道交通运营单位应当按照有关法规要求建立运营突发事件应急预案体系，制定综合应急预案、专项应急预案和现场处置方案。运营单位应当定期组织运营突发事件应急演练，其中综合应急预案演练和专项应急预案演练每半年至少组织一次，现场处置方案演练应当纳入日常工作，开展常态化演练。运营单位应当组织社会公众参与应急演练，引导社会公众正确应对突发事件。

3. 城市轨道交通突发大客流现场处置工作要求

（1）大客流的处置原则。

1）科学预判，分级响应。运营单位根据车站、线路大客流形成规律及突发故障波及范围等，科学预判大客流等级；轨道公安根据重大活动及火灾、刑事（治安）案（事）件或恐怖袭等不同情况，会同运营单位及时判断事件对运营的影响范围和程度。根据车站客流拥堵程度和突发案（事）件情况，结合轨道交通日常运营管理和秩序维护工作，大客流响应等级从低到高划分为二级、一级，并分别设定相应的启动条件。根据预判情况，果断启动大客流响应。

2）控外疏内，整体控制。大客流处置应遵循"控外疏内"的原则，按照大客流等级，分类落实应对处置措施，控制外部客流输入，疏导内部客流。大客流处置预案须统筹考虑站点大客流对相关线路及线网的影响，完善行车组织与客运组织功能。通过调整列车运行计划，有效管控客流量，均衡换入客流，减少大客流对车站的影响程度；同时结合线网分流、诱导等措施，有序缓解线路、站点大客流压力。

3）强化联动，及时疏导。当遇到轨道交通大客流时，运营单位、轨道公安等应根据大客流应急预案结合大客流具体成因，会同相关单位、部门迅速进行应急联动处置。

4）有序指挥，畅通信息。运营单位、轨道公安根据实际情况适时启动大客流响应等级。车站值班站长和站区民警作为大客流处置第一责任人，根据各自职责，协同开展处置。各单位之间加强沟通协调，确保力量配置到位，信息传递及时，并强化对外宣传。

（2）现场信息传递。在大客流应急处置过程中，不同岗位之间涉及相关信息的传递。信息传递应遵循"及时快速、准确高效、分级报告、慎报原因"的原则。根据大客流预警等级，运营单位会及时启动相应等级的大客流响应，并按应急预案规定及时完成信息汇报和流转。通常，大客流响应启动后，信息汇报的内容主要包括：事件发生时间、地点、大客流形成的原因、影响程度、规模、已采取及后续跟进措施、相关线路或区域的客运组织（包括停止和恢复售票时间、退票情况等）、报告人单位、姓名、岗位，以及其他必要内容和要求。参照上海地铁大客流应急专项预案，信息流转示意图如图4-30所示。

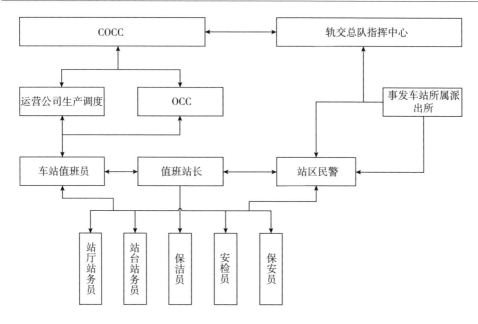

图 4-30　大客流应急处置信息流转

三、预习要求

（1）提前理解和掌握城市轨道交通大客流基本成因及应急处置工作要求。

（2）提前了解和熟悉突发大客流应急演练方案及演练评估要求。

四、实验内容与实验过程

1. 模拟车站介绍

实验室模拟车站环境，学生在实验室开展大客流应急演练。模拟演练车站结构以上海地铁 2 号线徐泾东站为背景车站，演练车站结构信息参考徐泾东站的结构布局，出入口信息、站层图、街区图等车站信息如下所示。

（1）出入口信息。

2 号口活动场馆商业广场办公楼 B、C 座

3 号口活动场馆商业广场办公楼 B、C 座

4 号口活动场馆办公楼 A 座

5 号口活动场馆办公楼 A 座

6 号口活动场馆中心

8 号口周边道路

9 号口周边道路

13 号口（暂未开启）

14 号口（暂未开启）

（2）站层图。

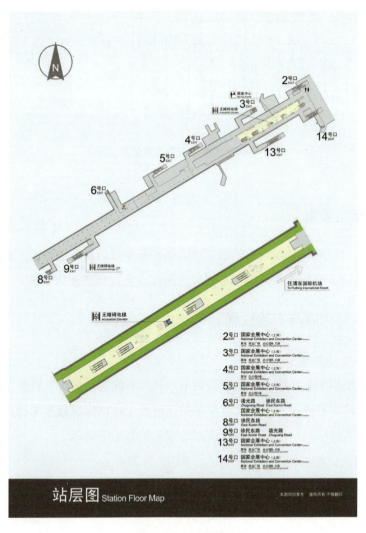

图 4-31　站层图

（3）街区图。

图 4-32　街区图

2. 突发大客流应急演练方案

突发大客流应急演练方案主要包括三个部分：总体演练方案、行动方案和评估方案。总体演练方案是指在特定情境下，按照一定的计划和步骤，组织和执行的模拟性活动，学生通过学习总体演练方案获得所需的背景知识和技能，以便在执行阶段更好地应对任务的要求；行动方案是任务的具体执行计划，它会参考演练方案中的内容，将其转化为实际的行动步骤；评估方案在演练结束后根据行动方案的执行结果和执行情况进行评价和反馈。综上所述，这三个部分相互关联，共同构成了一个完整的演练规划、执行和评价体系。

（1）总体演练方案。在演练正式开始前，学生要认真阅读该演练方案（见

表4-15），系统性地了解演练流程和实施阶段，对每个阶段的工作任务和要求有清楚的认知。

表4-15 大客流总体演练方案

演练名称	某大型活动场馆附近核心区域大客流处置联动应急演练
演练时间	年 月 日
演练地点	轨道交通车站运营模拟实验室
演练形式	组织形式： ☑桌面推演 □实操演练 演练类型： □专项演练 ☑综合演练
参演岗位	车站站长、值班站长、车站值班员、站务员、客服中心服务员、巡视员、保洁员
演练目的	为配合大型活动顺利召开，确保活动期间车站运营秩序的有序和安全，充分结合各站特点及客流特征，验证大客流方案的合理性和可行性，锻炼并加强车站一线工作人员应对突发大客流时的处置能力
演练依据	1.《轨道交通运营突发事件应急预案》； 2.《轨道交通突发事件交通保障应急预案》； 3.《轨道交通大客流处置工作预案》； 4.《大型活动交通保障公交专项方案》； 5.《大型活动期间轨道交通运营突发事件应急处置预案》； 及其他相关运营工作要求及专项工作方案
演练科目假设	某大型活动散场高峰期间，在场馆附近地铁车站A站，列车因道岔失表迫停岔区。经调度、车站与司机确认列车发生挤岔掉道，行调及时发布抢修令并要求相关车站启动大客流预警信息及公交配套保障预案
演练保障	1. 人员：学生分组，每组14人，根据情况灵活调整人员分配、岗位安排。 2. 设备：不动作车站设备。对区间内设备均无动作，列车为模拟故障。 3. 场地：实验室（模拟车站环境），提供模拟演练车站空间布局结构图。 4. 安全要求：演练期间，车站应做好广播解释工作，避免乘客引起恐慌，现场应做好相关解释工作
安全注意事项	1. 演练的整个过程应贯彻"统一指挥，逐级负责"的原则，参与演练人员必须在组织者统一指挥下，按照演练方案开展演练； 2. 各岗位在模拟演练过程中，推演过程所涉及行为、模拟动作应做到位； 3. 演练过程中必须如实记录，记录参演人员的响应时间、响应行为、存在的问题，真实反应参演人员的情况； 4. 演练结束后，建立演练问题跟踪反馈机制
演练流程	（一）启动流程 各参演方人员到位，由现场指挥进行相关参演内容介绍及注意事项，并宣布演练开始

续表

演练名称	某大型活动场馆附近核心区域大客流处置联动应急演练
演练流程	（二）实施流程（场景搭建+演练实施） 在某大型活动散场高峰期间，在场馆附近地铁车站 A 站，列车因道岔失表迫停岔区。经调度、车站与司机确认列车发生挤岔掉道，行调及时发布抢修令并要求相关车站启动大客流预警信息及公交配套保障预案。 **第一阶段：车站启动大客流黄色预警** 车站值班员 A 通过 CCTV 发现车站 4 号口外围排队进站乘客较多，蓄客排队队伍已到达 30 分钟警示标记处，值班员 A 立即汇报值班站长； 值班站长接到命令后根据 4 号口 30 分钟排队警示时间启动大客流黄色预警信息； 值班员 A 同时将车站启动黄色预警信息汇报现场指挥室、公司生产指挥室、车站站长及轨道公安、OCC； 值班站长安排巡视员 A 至 4 号出入口处进行引导宣传，告知乘客目前排队等候时间，同时向乘客提供相应运营信息咨询以及二维码下载事宜，减少后续进站内等候时间；安排站务员 A 做好 4 号口处客流引导工作。 **第二阶段：车站启动大客流橙色预警（车站告知 OCC 第一阶段完成后开始）** 场景：车站××次列车在站后折返途径折 3 线时列车迫停，车站 ATS 面板显示道岔失表；此时正值大型活动日散场高峰（2 号、3 号口关闭；4 号、5 号、9 号口只进不出，6 号、8 号口只出不进），行调及时发布调令要求车站至现场查看并要求车站做好站内客流引导方案； OCC 下令车站现场确认列车轮轨关系（演练模拟下令，车站不进入轨行区），并将相关故障信息及时通知相关车站："××车站××次列车在站后折返途径折 3 线时列车故障，预计晚点 15 分钟以上，做好现场客运组织工作"；同时根据故障情况，向维保车辆、维保工务、维保通号发布抢修令，并报 COCC。OCC\COCC 同步通知维保生产调度及调度指挥室。 车站值班员 A 接行调列车故障信息后，将此情况汇报值班站长、公司生产指挥室、车站站长及轨道公安；同时根据调令安排值班员 B 下线确认现场道岔位置及列车轮轨关系（模拟动作，严禁进入轨行区）； 值班站长接到命令后根据 15 分钟晚点时间启动大客流橙色预警信息，同时通知现场指挥室（模拟动作），现场指挥室报市交委指挥中心要求展馆客流分流至其他线路或公交线，同时启动周边区域联动准备工作； 值班站长接到汇报后立即启动车站最小作战单元；对车站 4 号、5 号、9 号三个进站口进行限流措施，安排站务员 A 关闭 4 号口外 2 扇限流门，安排站务员 B 协同人员做好 5 号口外围移动限流栏杆限流措施，安排站务员 C 做好 9 号口处与周边街道社管中心人员的限流措施，关闭相关限流栏杆； 车站站长通知周边街道社管中心和相关派出所对车站 9 号口实施限流措施并做好地面宣传引导； 车站站长通知周边街道社管中心和相关派出所对车站 4 号、5 号口实施限流措施并做好地面宣传引导；值班员 A 做好站内人工宣传广播。 **第三阶段：车站启动大客流红色预警** 值班员 B 通过对讲机汇报车控室列车挤岔掉道； 值班员 A 汇报行调"经现场与司机共同确认，列车挤岔掉道"，OCC 行调再次向维保供电、维保后勤发布抢修令，报 COCC。OCC\COCC 同步通知维保生产调度及调度指挥室（演练指挥代替）。 由于抢修预计影响达 30 分钟以上，OCC 调度向 COCC 申请启动应急公交预案。COCC 根据演练安排向市交通委指挥中心申请启动周边区域应急公交预案（演练指挥代替）。 值班员 A 做好抢修施工人员的登记工作，同时值班员 B 做好抢修临时进入点设置工作，并在现场做好施工人员进出的袖标确认工作； COCC 通知线路 OCC 已启动应急公交预案，线路 OCC 分别通知涉及车站。

续表

演练名称	某大型活动场馆附近核心区域大客流处置联动应急演练
演练流程	车站值班员接 OCC 通知，列车掉道抢修作业预计将影响线路运营达 30 分钟；值班员 A 及时汇报值班站长；值班员 B 并按压 AFC 按钮（模拟动作）； 值班站长接到命令后根据 30 分钟晚点时间启动大客流红色预警信息，同时通知现场指挥室（模拟动作），现场指挥室市交委指挥中心要求启动公交短驳疏散预案； 车站值班站长启动公交配套保障现场处置方案并汇报现场指挥室，现场指挥室将现场情况告知涉及车站； 值班站长安排站务员 B 携带电喇叭和公交疏散引导牌（要求公交预案所有方向均设立）至 9 号口外指定停车位置，协同做好 9 号出入口至停车位置的客流疏导工作； 值班站长安排站务员 A 配合派出所民警做好 6 号、8 号口只出不进的管控措施并配合联动单位做好客流引导； 车站站长通知相关派出所做好连接活动中心的 4 号、5 号出入口管控措施（只出不进），引导乘客接驳公交，并做好馆内地面客流秩序稳定安保工作； 值班站长安排服务员 A 与轨道民警在北通道 4 号口处使用引导棒与小蜜蜂做好客流疏散引导工作；通知站务员 C 和轨道公安民警在 6 号口站厅和 8 号口站厅处做好往客流疏散指引工作；客服中心服务员 B 在锁闭票款后至站厅客服中心处引导疏散乘客；同时通知轨道公安民警做好车站站台、北通道、南通道等处的客流引导疏散与稳定秩序工作；值班站长通知上行站务员 D 携带引导棒与小蜜蜂做好上行车头位置两台自动扶梯处的客流疏导工作；下行站务员 E 做好下行车头位置处自动扶梯与电梯处的客流疏导工作；同时加派保洁员 A、保洁员 B 做好站台中部客流引导疏散工作； 车站值班员 A 加强车站的客流疏散引导广播，并对各出入口的 LED 信息栏进行出入口情况告知工作； 车站协同轨道公安、街道社管中心、相关派出所做好车站各出入口的把控工作； 应急公交车陆续到达，并开始疏运乘客。 第四阶段：维保抢修响应（本次演练不涉及） （三）结束流程 维保各专业抢修队伍到达现场集结，由维保公司负责现场抽检完成后，抢修负责人向车站进行抢修注销，通知 OCC 现场已恢复动车条件。 车站宣布大客流响应及四长联动动作结束，各队伍列队，演练总负责人进行点评。 接驳公交分别到达各自终点车站后，车站通知 OCC 撤销车站公交应急预案，车站恢复常态措施，恢复车站设备，演练现场指挥宣布演练结束

（2）行动方案。针对不同参与岗位，大客流应急处置总体行动方案制定了一系列工作步骤和措施，具有系统性和可操作性，为演练提供行动指导，确保方案的成功实施。学生根据自己的岗位，了解相应作业内容、作业要求和作业顺序，在正式演练过程中严格按照该行动方案执行。大客流应急处置总体方案如表4-16 所示。

表 4-16　大客流应急处置总体行动方案

时间	人员	作业内容及要求	备注
演练启动		演练总指挥宣布演练开始	
第一阶段：大客流黄色预警	值班员 A	通过 CCTV 发现车站 4 号口外围排队进站乘客较多，蓄客排队队伍已到达 30 分钟警示标记处，立即汇报值班站长	此动作作为模拟动作
	值班站长	启动大客流黄色预警信息	此动作作为模拟动作
	值班员 A	将黄色预警信息电话汇报现场指挥室、公司生产指挥室、车站站长及轨道公安、OCC	此动作作为模拟动作
	巡视员 A	按值班站长指令，至 4 号出入口处进行引导宣传，告知乘客目前排队等候时间，同时向乘客提供相应运营信息咨询以及二维码下载事宜	此动作作为模拟动作
	站务员 A	按值班站长指令，做好 4 号口处客流引导工作	此动作作为模拟动作
第二阶段：大客流橙色预警	值班员 A	通过车站广播发布运营信息，"线路××车站××次列车在站后折返径折 3 线时列车故障，预计晚点 15 分钟以上，做好现场客运组织工作"	此动作作为模拟动作
		将列车故障信息汇报值班站长、公司生产指挥室、车站站长及轨道公安	电话通知，此动作作为模拟动作
	值班员 B	按值班站长指令，下线确认现场道岔位置及列车轮轨关系	此动作作为模拟动作，不进入轨行区
	值班站长	启动大客流橙色预警信息，同时通知现场指挥室	此动作作为模拟动作
	车站站长	将故障情况通知周边区域联动单位，通知做好联动准备工作	电话通知，此动作作为模拟动作
	值班站长	启动车站最小作战单元；对车站 4 号、5 号、9 号三个进站口进行限流措施	此动作作为模拟动作
	站务员 A	按值班站长指令，关闭 4 号口外 2 扇限流门	此动作作为模拟动作
	站务员 B	按值班站长指令，协同活动场馆人员做好 5 号口外围移动限流栏杆限流措施	此动作作为模拟动作
	站务员 C	按值班站长指令，做好 9 号口处与街道社管中心人员的限流措施，关闭相关限流栏杆	此动作作为模拟动作
	车站站长	通知街道社管中心和相关派出所对车站 9 号口实施限流措施并做好地面宣传引导，客流疏散	电话通知，此动作作为模拟动作
		通知相关派出所对车站 4 号、5 号口实施限流措施并做好地面宣传引导，客流疏散	电话通知，此动作作为模拟动作
	值班员 A	按值班站长指令，做好站内人工宣传广播	此动作作为模拟动作

续表

时间	人员	作业内容及要求	备注
第三阶段：大客流红色预警	值班员 B	汇报车控室列车挤岔掉道	对讲机汇报，此动作为模拟动作
	值班员 A	汇报行调"经现场与司机共同确认，列车挤岔掉道"	此动作为模拟动作
	值班员 A	按值班站长指令，做好抢修施工人员的登记工作	此动作为模拟动作
	值班员 B	按值班站长指令，做好抢修临时进入点设置工作，并在现场做好施工人员进出的袖标确认工作	此动作为模拟动作
	COCC	通知线路 OCC 已启动应急公交预案	电话通知，此动作为模拟动作（演练指挥代替）
	OCC	通知相关车站	电话通知，此动作为模拟动作
	值班员 A	及时汇报值班站长由于列车掉道抢修作业预计将影响线路运营达 30 分钟	电话通知，此动作为模拟动作
	值班员 B	按压 AFC 按钮	此动作为模拟动作
	值班站长	启动大客流红色预警信息，同时通知现场指挥室 启动公交配套保障现场处置方案	此动作为模拟动作
	站务员 B	按值班站长指令，携带电喇叭和公交疏散引导牌至 9 号口外指定停车位置，协同派出所民警和街道社管中心特勤人员做好 9 号出入口至停车位置的客流疏导工作	此动作为模拟动作
	站务员 A	按值班站长指令，配合派出所民警和街道特勤队员做好 6 号、8 号口只出不进的管控措施并配合联动单位引导客流	此动作为模拟动作
	车站站长	通知活动场馆相关人员做好 4 号、5 号出入口的管控措施（只出不进）	电话通知，此动作为模拟动作
		要求派出所和活动场馆做好车站 4 号、5 号口处的乘客引导，确保场馆内地面客流秩序稳定	跑位即可，做疏导动作
	客服中心服务员 A	按值班站长指令，在北通道 4 号口处使用引导棒与小蜜蜂做好客流疏散引导工作，引导需要乘坐公交短驳的乘客从本站 9 号口出站，需要换乘的乘客从 6 号、8 号口出站，需要至乘坐短驳巴士的乘客从车站 4 号、5 号口出站步行至短驳点	跑位即可，做疏导动作
	站务员 C	按值班站长指令，在 6 号和 8 号口站厅处做好客流疏散指引工作	跑位即可，做疏导动作

时间	人员	作业内容及要求	备注
第三阶段：大客流红色预警	客服中心服务员 B	按值班站长指令，在锁闭票款后至站厅客服中心处引导疏散乘客	跑位即可，做疏导动作
		通知轨道公安民警做好车站站台、北通道、南通道等处的客流引导疏散与稳定秩序工作	跑位即可，做疏导动作
	站务员 D（上行）	按值班站长指令，携带引导棒与小蜜蜂做好上行车头位置两台自动扶梯处的客流疏导工作	跑位即可，做疏导动作
	站务员 E（下行）	按值班站长指令，做好下行车头位置处自动扶梯与电梯处的客流疏导工作	跑位即可，做疏导动作
	保洁员 A	按值班站长指令，做好站台中部客流引导疏散工作	跑位即可，做疏导动作
	值班员 A	按值班站长指令，加强车站的客流疏散引导广播，并对各出入口的 LED 信息栏进行出入口情况告知工作	此动作为模拟动作
	车站站长	做好车站各出入口的把控工作	此动作为模拟动作
第四阶段：维保抢修响应	维保专业演练不纳入本实验环节		
演练结束	演练总指挥宣布演练结束		

（3）评估方案。在演练结束后需填写实验评估表，对演练情况进行定性、定量评价。实验评估表共两张，包括大客流应急处置执行情况评估表（见表4-17）和大客流应急处置执行效果评估表（见表4-18）。执行情况评估表是对各岗位人员操作及设备运行状况的评估；执行效果评估表是对影响处置效果的六个关键处置流程是否达到预期效果的评估。填写人需根据现场情况，按照评分要求据实填写，待演练结束后根据"执行情况表得分40%、执行效果表得分60%"的原则计算总分。

表 4-17 大客流应急处置执行情况评估表

评估对象	评估内容	是否正确执行	备注
车站站长	1. 将故障情况通知"四长"联动相关单位，通知做好"四长"联动准备工作		
	2. 通知社管中心和派出所对车站 4 号、5 号、9 号口实施限流措施并做好地面宣传引导，将部分客流宣传引导至××号线××站		
	3. 通知派出所和会展中心做好 4 号、5 号出入口的管控措施；同时要求两单位将车站 4 号、5 号口处的乘客引导至应急短驳巴士，并做好馆内地面客流秩序稳定安保工作		

续表

评估对象	评估内容	是否正确执行	备注
值班站长	1. 启动车站最小作战单元；对车站进站口进行限流措施		
	2. 执行启动大客流响应		
	3. 负责启动/撤销非突发案（事）件引的车站二、三级大客流响应方		
	4. 根据 OCC/COCC 指令，启动/撤销车站二级、一级大客流响应方案，在运营指挥员未到达前作为现场指挥员		
	5. 组织车站各岗位在站厅、楼梯、出入口等处加强疏导，向乘客提供相应运营信息咨询以及二维码下载事宜		
	6. 命令客运值班员加强现场广播，告知地面公交短驳等信息		
	7. 组织车站各岗位疏散客流，命令相应站务员携带公交应急物品赶至公交短驳点		
	8. 及时准确向上级部门汇报现场情况，继续组织人员在车站主要通道和出入口做好乘客疏散和引导解释工作		
	9. 演练结束命令后向车站各岗位工作人员下达运营恢复命令		
值班员 A	1. 携带对讲机		
	2. 启动大客流预案后组织力量实施，并做好行车记录工作		
	3. 根据现场指挥员的指令，做好车站内和出入口广播宣传工作；将各出入口的 LED 信息栏进行出入口情况告知乘客		
	4. 将黄色预警信息汇报现场指挥室、公司生产指挥室、车站站长及轨道公安、OCC		
	5. 做好站内人工宣传广播		
	6. 接令启动大客流及公交短驳预案后，协助值班站长向车站各岗位传达命令		
	7. 配合派出所民警和街道特勤队员做好客流管控措施并配合联动单位引导客流		
	8. 做好抢修施工人员的登记工作		
	9. 保持信息沟通渠道顺畅		
	10. 接 OCC 运营恢复命令后，协助值班站长向车站各岗位传达		
值班员 B	1. 根据现场指挥员的指令，下线确认现场道岔位置及列车轮轨关系（模拟动作）		
	2. 做好抢修临时进入点设置工作，并在现场做好施工人员进出的袖标确认工作		
	3. 按压 AFC 按钮（模拟动作）		

续表

评估对象	评估内容	是否正确执行	备注
客服中心服务员 A	使用引导棒与小蜜蜂做好客流疏散引导工作，引导需要乘坐公交短驳的乘客从本站 9 号口出站，需要换乘的乘客从 6 号、8 号口出站，需要乘坐短驳巴士的乘客从车站 4 号、5 号口出站步行至短驳点		
客服中心服务员 B	1. 在锁闭票款后至站厅客服中心处引导疏散乘客		
	2. 通知轨道公安民警做好车站站台、北通道、南通道等处的客流引导疏散与稳定秩序工作		
站务员 A	1. 穿着引导背心，携带对讲机、电喇叭、引导棒		
	2. 配合派出所民警和特勤队员做好车站 6 号、8 号口只出不进的管控措施，并配合联动单位引导客流步行至××车站		
	3. 关闭 4 号口外 2 扇限流门		
	4. 做好车站 4 号口客流引导工作		
	5. 加强巡视，维护站台秩序，做好疏散、引导、解释工作		
站务员 B	1. 携带电喇叭、公交疏散引导牌和对讲机，穿着引导背心		
	2. 至 9 号口外指定停车位置，协同派出所民警和特勤人员做好 9 号出入口至停车位置的客流疏导工作		
	3. 做好 5 号口外围移动限流栏杆限流措施		
	4. 接值班站长运营恢复命令后，恢复正常运营工作		
站务员 C	1. 做好 9 号口处与社管中心人员的限流措施，关闭相关限流栏杆		
	2. 在 6 号和 8 号口站厅处做好往××号线××车站客流疏散指引工作		
站务员 D（上行）	携带引导棒与小蜜蜂，做好上行车头位置两台自动扶梯处的客流疏导工作		
站务员 E（下行）	做好下行车头位置处自动扶梯与电梯处的客流疏导工作		
保洁员	做好站台中部客流引导疏散工作		

表 4-18　大客流应急处置执行效果评估表

评估对象	评分权重	评估内容	是否达到效果	备注
指挥统筹	20%	1. 演练总指挥下令演练开始，启动大客流预案		
		2. 值班站长迅速通知各岗位人员就位，合理布岗，配合疏散人群		
		3. 车站值班员根据值班站长命令有序指挥车站各值班员、站务员、服务员工作		
		4. 车站各岗位人积极响应现场指挥		

续表

评估对象	评分权重	评估内容	是否达到效果	备注
关键流程控制	40%	1. 值班站长及时传达大客流及公交配套预案启动		
		2. 值班站长迅速通知站务员做好车站限流工作		
		3. 值班站长立即安排车站值班员通过广播播报运营信息		
		4. 值班站长安排相关人员做好站台的各项防护措施，并做好乘客的引导工作		
		5. 车站相应人员及时、正确把公交疏散引导牌、电喇叭放置到指定位置		
		6. 车站人员做好乘客疏导和秩序维护工作		
		7. 客服中心站务员锁闭好票款，并有效疏散客流		
		8. 各岗位人员有序引导客流疏散		
		9. 应急短驳公交指定停车场，完成与轨交的交接后，开始疏运乘客		
信息传递	20%	1. 值班站长与车站各岗位人员信息传递畅通		
		2. 行车值班员与车站站务员岗位人员信息传递畅通		
		3. 行车值班员与值班站长、派出所信息传递畅通		
		4. 值班员广播传递消息清晰、顺畅		
		5. 车站与应急公交短驳司机消息传递顺畅		
岗位协作	20%	1. 车站各岗位人员间协作良好		
		2. 车站人员与广大乘客协作良好		
		3. 公交应急点站务员与公交短驳司机协作良好		
		4. 车站与演练总指挥之间协作良好		

2. 大客流应急演练实验组织实施

（1）实验组织。在实验开始前需进行人员组织和分配。每组共 14 人，可根据上课人数进行灵活调整，对保洁员、巡视员等次要岗位可安排一人参演，人员具体安排如表 4-19 所示。演练总指挥填写过程记录表、执行情况评估表和执行效果评估表，待演练结束后汇总演练过程中出现的问题。不同小组的演练总指挥可以在演练结束后互评、总结，提出改进意见。

表 4-19 演练人员分工及岗位分配

部门	岗位		人数	参与人员姓名
车站	演练总指挥		1 人	
	车站站长		1 人	
	值班站长		1 人	
	值班员	值班员 A	2 人	
		值班员 B		
	客服中心服务员	服务员 A	2 人	
		服务员 B		
	站务员	站务员 A	5 人	
		站务员 B		
		站务员 C		
		站务员 D		
		站务员 E		
	巡视员		1 人	
	保洁员		1 人	
总计			14 人	

（2）实验准备。各组学生到位后填写《应急预案演练参演签到单》，在确认所有参演人员到位后，由现场总指挥进行相关参演内容及注意事项简要介绍，介绍完毕宣布演练正式开始。学生需在演练正式开始前认真阅读演练方案和行动方案，熟悉各岗位职责、业务流程和岗位之间的信息传递，掌握预案内容，分清真实动作和虚拟动作，按照步骤完成大客流应急演练实验。

五、实验内容分析要求

1. 是否记录每步实验结果：☑是 □否

2. 实验结果与结论要求：☑实验报告 ☑评估表 □其他

3. 实验考核方案

实验考核包含：形成性评价依据（演练签到单、演练过程记录表、小组分工）和终结性评价依据（实验报告、评估表等）相结合。

（1）教学讲解。本课程利用教师讲授与模拟演练相结合的方法，让学生系统性地了解城市轨道交通车站大客流应急处置的相关知识以及具体操作。在大客流应急处置总体行动方案中，以值班员 A 为例，发现车站蓄客排队队伍已到达 30 分钟警示标记处，值班员 A 立即汇报值班站长，在启动大客流预警后，值班员 A 按值班站长指令，在车站内加强客流疏散引导广播，并告知乘客各出入口情况。按照岗位和处置的顺序，对演练总体行动的全过程拆分和细化。通过学习演练方案和行动方案，学生能更全面、系统地了解大客流应急处置的实际情况，提高专业素质。

（2）练习。在正式演练开始前可进行练习，将学生进行分组，定人定岗，提前阅读演练方案和行动方案，熟悉岗位职责和要求，梳理岗位之间信息流转的路径。在练习阶段可以交换扮演岗位，遇到问题及时沟通解决。每小组的演练总指挥负责该组演练全过程的统筹、协调。

（3）考核。

1）演练过程记录。检验学习成果，在无任何提示的情况下，学生完成城市轨道交通车站大客流应急处置完整流程，及时记录演练中出现的失误（学生自行填写）；根据签到表、过程记录表、评估表的统计，能够形成分值和报告；评估结果中应写明应急预案是否具备合理性及可操作性，参演人员是否掌握预案。

2）完成实验过程报告。简要说明实验目的、实验要求、实验原理；描述实验中各岗位工作内容和信息传递通道；分析实验过程，发现不足之处，提出改进措施；实验总结；个人心得。

六、思考题

（1）大客流的监测和预防措施有哪些？

（2）城市轨道交通车站在何时启动与街道、派出所等相关部门的"联动"？

（3）大客流应急处置的基本原则是什么？如何有效评估大客流应急预案的有效性与可实施性？

参考文献

［1］蔡国强．城市轨道交通信息技术［M］．北京：北京交通大学出版社，2012.

［2］刁心宏，李明华．城市轨道交通概论［M］．北京：中国铁道出版社，2009.

［3］费安萍．城市轨道交通行车组织［M］．北京：人民交通出版社，2011.

［4］费安萍．城市轨道交通行车组织［M］．西安：西安交通大学出版社，2007.

［5］何静，刘志钢，朱海燕．城市轨道交通运营管理（第2版）［M］．北京：中国铁道出版社，2013.

［6］贾文婷．城市轨道交通列车运行控制［M］．北京：北京交通大学出版社，2011.

［7］李力．城市轨道交通运营与管理综合应用［M］．北京：中国电力出版社，2008.

［8］连义平．城市轨道交通安全［M］．成都：西南交通大学出版社，2011.

［9］刘伯鸿．城市轨道交通车辆段信号技术［M］．成都：西南交通大学出版社，2012.

［10］马国龙．城市轨道交通安全管理［M］．北京：中央广播电视大学出版社，2010.

［11］牛凯兰，牛红霞．城市轨道交通行车组织［M］．北京：机械工业出

版社，2009.

［12］彭燕．城市轨道交通系统［M］．北京：中国财富出版社，2012.

［13］邱薇华，李键，钟俊青，黄远春，黄璐．城市轨道交通企业管理［M］．北京：中国铁道出版社，2011.

［14］上海申通地铁集团有限公司轨道交通培训中心．城市轨道交通概论［M］．北京：中国铁道出版社，2009.

［15］孙宁．城市轨道交通系统总联调［M］．北京：中国铁道出版社，2011.

［16］孙章，蒲琪．城市轨道交通概论［M］．北京：人民交通出版社，2010.

［17］谭复兴，邱薇华．城市轨道交通概论［M］．北京：中国铁道出版社，2013.

［18］吴金洪，张瑾．城市轨道交通列车运行控制［M］．北京：国防工业出版社，2014.

［19］闫平，宋瑞．城市公共交通概论［M］．北京：机械工业出版社，2011.

［20］阳东．城市轨道交通运用与管理［M］．北京：机械工业出版社，2012.

［21］姚林泉，汪一鸣．城市轨道交通概论［M］．北京：国防工业出版社，2012.

［22］叶华平．城市轨道交通概论［M］．北京：中国铁道出版社，2012.

［23］应名洪，俞光耀，等．上海城市轨道交通网络化运营管理体系［M］．北京：中国铁道出版社，2013.

［24］永秀．城市轨道交通行车组织［M］．北京：机械工业出版社，2010.

［25］张建华．城轨行车值班员（三级）［M］．北京：中国劳动社会保障出版社，2015.

［26］张玮．城市轨道交通概论［M］．成都：西南交通大学出版社，2010.

［27］张玮．城市轨道交通列车运行控制系统维护［M］．成都：西南交通大学出版社，2012.

［28］张秀媛.城市轨道交通客运管理［M］.北京：北京交通大学出版社，2012.

［29］赵海静，纪娜.城市轨道交通行车组织［M］.北京：机械工业出版社，2014.

［30］周晓军，周佳媚.城市地下铁道与轻轨交通［M］.成都：西南交通大学出版社，2008.

［31］朱爱华.城市轨道交通设备［M］.北京：北京交通大学出版社，2011.